VERZWEIFELT KOCHEN

Impressum:

Caio van Caarven
Verzweifelt Kochen
Deutsche Fassung
1. Auflage, Version 1.0.0
ISBN: 978-3-9504964-0-6
Gedruckt in Österreich

desperate media GmbH
Gertrude-Fröhlich-Sandner Straße 2
Turm 9, 7. Stock
1100 Wien
Österreich
hallo@desperate.media

Rechtliches:

Bei den angegebenen Nährwerten handelt es sich lediglich um Schätzungen - die tatsächlichen Nährwerte können davon abweichen.

Alle Namen, Marken, Ereignisse und Orte, die in diesem Buch vorkommen, sind fiktiv - alle Ähnlichkeiten mit lebenden Personen, Marken, Organisationen und realen Handlungen sind rein zufällig.

Dieses Buch ist kein Ratgeber, sondern ein satirisches Kunstwerk. Die Interpretation und Anwendung dieses Werkes erfolgen auf eigenes Risiko und eigene Verantwortung.

WIR SIND ALLE
EIN BISSCHEN VERZWEIFELT

Job, Studium, Beziehungen, eine drohende Klimakatastrophe und täglich neue Chatgruppen: Das Leben im 21. Jahrhundert ist einfach überfordernd. Spätestens im Jahr 2020 sind wir draufgekommen, dass unsere Realität nichts anderes ist, als ein verwirrendes, chaotisches und höchstwahrscheinlich satirisches Kunststück im intergalaktischen Museum.

Du kannst diese Tatsache entweder ablehnen - und die Aliens im Museum mit deinem gescheiterten Versuch, ein planmäßiges Leben zu führen, täglich amüsieren - oder es einfach akzeptieren und das Beste daraus machen.

Fürs Leben gibt es kein Rezept. Keine Anleitung. Und definitiv keine Mengenangaben. Warum sollte es beim Kochen anders sein? Die besten Gerichte entstehen nicht aus Planung, sondern aus Verzweiflung, Frust und geschlossenen Supermärkten an einem Sonn- oder Feiertag.

Dieses Buch ist ideal für Anfänger, die endlich ohne Rezept kochen wollen. Für Hobbyköche, die mal was Neues ausprobieren möchten. Und für Profi-Chefs, die gerade Nackenverspannungen haben und etwas zum Kopfschütteln brauchen.

Am Ende dieses Buches solltest du kreativer, gelassener und intuitiver kochen können. Es geht hier ums Probieren, Scheitern, Probieren, Scheitern und Probieren, bis du dein Gericht nicht nur gerettet, sondern deutlich besser gemacht hast, als es jemals hätte werden können.

Mahlzeit!

WIE DAS BUCH AUFGEBAUT IST

GESCHICHTE

Jedes Kapitel hat eine „G'schicht zum Gericht" – woher es kommt, wie es verwendet wird und was du daraus machen kannst.

BAUSTEINE

In diesem Buch besteht jedes Gericht aus verschiedenen Bausteinen, die du selbst nach deinem Geschmack anpassen kannst.

INSPIRATION

Dazu findest du viele Zutaten-Ideen, die du nach Belieben kombinieren kannst, um deine eigenen kreativen Rezepte zu erfinden.

MENGENLOS

...durch die Nacht! Die Rezepte in diesem Buch haben keine expliziten Mengenangaben, damit du endlich nach Bauchgefühl kochst.

WAS DICH SONST NOCH ERWARTET

TECHNIK

Hier findest du einige Kochtechniken für Alltagssituationen, von A wie Abschmecken bis V wie Verdicken oder W wie Weinen, weil Leben und so.

TIPPS

Dein Essen ist versalzen? Deine Küche brennt? Keine Panik! In Kapitel 2 (Selbsthilfe) findest du Tipps gegen viele Sorgen des Alltags.

VIDEOS

Falls du ein Rezept nicht ganz verstanden hast, findest du es auch als Video! Einfach den QR Code auf der jeweiligen Rezeptseite einscannen.

COMMUNITY

"Verzweifelt Kochen" hat auch eine aktive Community! Dort werden Rezepte, Kochvideos, Tipps und manchmal auch Liebe verbreitet.

WAS DU HIER FINDEST

„ALLE REZEPTE KÖNNEN WAHR WERDEN, WENN WIR DEN MUT HABEN, VERZWEIFELT ZU KOCHEN"

WALT DISNEY, JUNI 1948

KAPITEL EINS
ORGANISATION

VERZWEIFELT, ABER ORGANISIERT

Die perfekte Küche ist die Küche, die du hast. Um geiles Essen zaubern zu können, brauchst du keine teuren Geräte, keinen Sous-Vide Garer, keine japanischen Messer aus Einhorn-Elfenbein und, vor allem, keinen Plan.

Auf den nächsten Seiten bekommst du einen kleinen Überblick davon, welche Küchenutensilien du im Alltag tatsächlich brauchst, welche Funktion sie haben und wie du sie am besten verwenden kannst.

Zusätzlich lernst du, wie du deine Küche, deinen Kühlschrank und deine Vorratskammer am besten organisieren kannst, um dein Leben leichter zu machen und die Haltbarkeit von Lebensmitteln zu maximieren.

Außerdem findest du heraus, welche Gewürze und Lebensmittel du immer zuhause haben solltest, als Vorbereitung auf die nächste globale Katastrophe - sei es eine Pandemie, eine Zombie-Apokalypse oder ein unangekündigter Besuch von den Schwiegereltern.

DIE 4 GOLDENEN REGELN

MÜLL ENTSORGEN

So bleibt deine Küche immer schön aufgeräumt. Auch die Mülltrennung ist sehr wichtig: Ein Eimer fürs Altpapier, einer fürs Glas, einer für Verpackungen, einer für Biomüll, Sorgen und Ängste und schließlich einer für den Restmüll.

GLEICH ABSPÜLEN

Um dir ein langes Abwaschen zu ersparen, solltest du alles, was du nicht wieder verwendest, gleich abspülen oder in die Spülmaschine einräumen. So bleibt deine Küche sauber und organisiert. Dein zukünftiges Ich wird sehr dankbar sein.

ZEIT OPTIMIEREN

Was machst du, während dein Reis kocht? Während deine Quiche im Ofen ist? Während deine Freunde heiraten, Kinder kriegen und beruflich schneller weiterkommen als du es jemals könntest? Zuschauen? Weinen? Nein! Geschirr abspülen & Müll entsorgen.

SICH VERLIEBEN

Falls du überhaupt nicht aufräumen oder putzen möchtest, solltest du Menschen daten, die diese Aufgaben übernehmen. Nicht, weil sie es gerne machen, sondern weil sie dich lieben und von dir immer Essen bekommen.

FINGER SIND WERTVOLL!

Wenn du nicht schon wieder einen Finger verlieren willst, solltest du immer mit Krallengriff schneiden. Das Bild (links) beschreibt es gut: Mittelfinger nach außen, Fingerspitzen nach innen, festhalten und losschneiden. Ein Video dazu findest du hier:

LAGERUNG IM KÜHLSCHRANK

OBEN

Obst und Früchte (wie Äpfel, Beeren und Trauben), Joghurt und sonstige Sachen, die zwar im Kühlschrank sein sollen, aber nicht zu kalt werden dürfen.

MITTE

Das, was du gestern gekocht hast, in dem Topf, den du nicht abwaschen wolltest. Vielleicht ohne Deckel darauf und mit einem alten Löffel drinnen.

GEMÜSEFACH

Gemüsesorten wie Blumencool, Bonsai, Zucchini, Lauch, Sellerie, Yung Sadbois, Pilze, Spinat und Sparrrrrgel.

TÜR

Marmeladen, Eier, Sirup, Milchiges, Bier, Säfte, Bier, Butter, Soßen, Bier und alles, worauf du am schnellsten zugreifen willst.

LAGERUNG IN DER KÜCHE & VORRATSKAMMER

IM NETZ

Kartäpfel, Sadbois, Süßkartoffeln und Schmuserbois sollten am besten weit entfernt von einander, in einem Netz und an einem dunklen Ort gelagert werden.

LUFTDICHT

Mehl, Reis, Pasta, Getreide, Kaffee... Vor allem Mehl sollte entweder in luftdichten Gläsern oder mit doppelter Verpackung gelagert werden, um Motten keine Chance zu geben.

KÜHL/DUNKEL

Gewürze sind ein bisschen wie Vampire: Sie verlieren an Aroma, wenn sie zu nahe zum Herd stehen oder mit direktem Sonnenlicht konfrontiert werden.

IM KORB

Bananen, Ananas, Melanginen, Tomaten, Ingwer und Kürbis, sofern sie nicht aufgeschnitten wurden.

DIE GRUNDAUSSTATTUNG

SCHNEIDEBRETTER

Brett rein! Damit du deine Küche nicht zerstörst und immer eine saubere Oberfläche fürs Schneiden hast, solltest du möglichst viele Kochbretter besitzen. Empfehlung: zwei kleine (ca. 25x15cm), zwei mittlere (ca. 35x20cm) und ein großes (ca. 50x30cm).

MESSER

Gute Messer sind in der Küche vielleicht nicht unverzichtbar (man kann Lebensmittel auch mit den Zähnen oder mit bösen Schimpfwörtern schneiden), aber definitiv eine große Hilfe. Empfehlung: ein Schälmesser, ein oder zwei Kochmesser, ein Gemüsemesser und ein Brotmesser.

DIVERSE SCHÜSSELN

Stapelbare Edelstahl-Schüsseln sind einfach zu lagern, leicht zu reinigen und machen dein Leben deutlich organisierter. Große Schüsseln können z.B. für Salate verwendet werden. Mittlere Schüsseln sind ideal, um das Gemüse, das du gerade schneidest, zwischenzulagern, oder für die Schalen der Kartäpfel, die du gerade schälen musst. Kleine Schüsseln sind ideal für Kräuter, Schmuserbois und Gewürze. Empfehlung: Jeweils mindestens 2-3 Stück zu besitzen.

SCHÄRFER

Die Wahrscheinlichkeit, dass das Messer abrutscht und deinen Finger schneidet, ist deutlich höher, wenn das Messer stumpf ist. Deswegen: Messer immer schärfen.

MIXER

Ein Mixer ist das Wundergerät, mit dem viele Säfte, Soßen, Sorbets, Smoothies und Suppen überhaupt erst entstehen können.

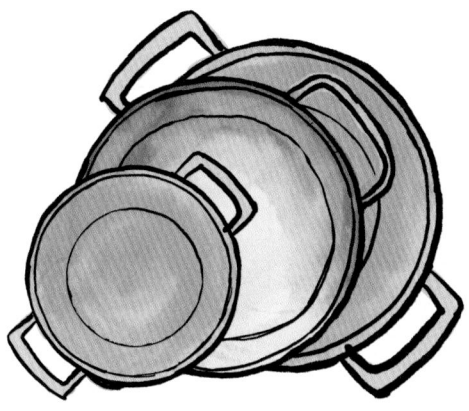

SOßENTOPF

Für Soßen, warme Dressings, geröstete Toppings und alle Gerichte, die keinen größeren Topf benötigen. Auch der perfekte Ort, um Butter zu schmelzen.

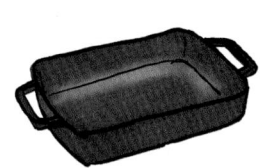

AUFLAUFFORM

Auflauflauflauflauf-lauflauflauflauflauf-lauflauflauflauflauf-lauflauflauflauflauf-lauflauflauflauflauflauf *atmet* lauflauflauf-lauflauflauflauflauf-lauflauf...

TÖPFE (3, 5 UND 10 LITER)

Ideal für Eintöpfe, Suppen, größere Speisen und Sachen, die in viel Wasser gekocht werden, wie z.B. Kartäpfel, Nudeln, Reis oder die Erde, deren Oberfläche (dank Klimawandel) bald zu 2/3 aus kochendem Wasser besteht.

NUDELSIEB

Ideal fürs Abtropfen und Abwaschen - aber nicht nur von Nudeln, sondern auch von Gemüse, Salat & vielem mehr. Der Grund, warum es Nudelsieb heißt, ist religiöser Natur. Mehr dazu wirst du in Kapitel 9 (Pasta) erfahren.

WOKPFANNE

Gemacht für Currys, Gemüse-Woks und allem, was eine Mischung aus hohen Temperaturen und viel Kontaktoberfläche benötigt. Tipp: Damit kannst du auch Risotti machen, ohne, dass der gesamte Reis unten klebt.

BRATPFANNEN

Deine 0815-Pfanne. Damit kannst du, je nach Größe, wohl alles machen.

Empfehlung: eine kleine (ca. 15cm), eine mittlere (ca. 20cm) und eine große (ca. 30cm).

GRILLPFANNE

Wenn du keinen richtigen Grill zuhause hast, ist das hier deine beste Option. Mit einer Grillpfanne bekommst du das Gefühl, dass selbst ein regnerischer und dunkler Novembertag ein schöner Grilltag im Garten sein kann.

KOCHLÖFFEL

Ein Kochlöffel aus Holz ist die Geheimzutat jeder guten Küche. Die Bakterien, die dort leben, haben alle Gastronomie studiert und geben deinem Essen einen *lebendigen* Geschmack.

SCHÖPFER

Damit kannst du alles, was flüssig ist, aus seinem ursprünglichen Behälter entfernen und - ohne zu tröpfeln - dorthin transportieren, wo die Flüssigkeit nach dieser tragischen Trennung ein neues Leben anfangen kann.

WENDER

Der Wender ist ein deutscher Verschwörungs-theoretiker, Schlagersänger, Songwriter, Reality Show-Teilnehmer, eine Quelle für schlechte Memes und ein beliebtes Werkzeug in jeder Küche.

ZANGE

Die Zange ist dafür da, um Sachen zu nehmen, die du sonst nicht mit einer Gabel oder mit einem Löffel nehmen kannst, wie zum Beispiel Gemüsestücke, ultra heiß getoastete Brotscheiben oder deine Augenbrauen.

SCHNEEBESEN

Mit dem Schneebesen wird in den größten Skigebieten Europas bereits im Oktober frischer Schnee erzeugt. Er ist die klimafreundliche Alternative zu teuren Schneekanonen, die zu viel Strom verbrauchen.

SCHÄLER

Ein guter Schäler führt dazu, dass mühsame Aufgaben, wie das Schälen von Kartäpfeln oder Hasenfutter, nur 95% so mühsam sind.

PINSEL

Damit kannst du deine Wohnung endlich wieder ausmalen, Eier, Glasuren und Soßen verteilen oder deinen größten Sextraum erfüllen: dich mit geschmolzener Butter zu beschmieren.

NUDELHOLZ

Gemacht von der Oma, die es in diversen Kriegen als Geheimwaffe verwendet hat. Heute wird es hauptsächlich gegen Menschen benutzt, die Ananas auf ihre Pizza geben wollen.

KARTAPFEL-PRESSE

Die Kartäpfelpresse, auch bekannt unter "veganer Fleischwolf, woof woof", kann, ähm, Kartäpfel pressen.

SCHMUSERBOI-PRESSE

Wenn du keine kleinen, großen oder mittelriesigen Knoblauchstücke im Essen haben möchtest, kannst du sie auch auspressen, pressen, durchpressen oder erpressen.

KÜCHEN-SCHERE

Ideal, um Verpackungen aufzuschneiden, ohne dabei den Finger zu verlieren.

KORKEN-ZIEHER

Das bessere Schweizer Taschenmesser, aber nur mit zwei Funktionen: Wein auf die Welt bringen & Studentenpartys retten, falls die Gastgeber/innen keinen Korkenzieher haben.

REIBE

Damit kannst du Käse, Gemüse und sonstige reibbare Sachen reiben. Verantwortlich für ca. 58% der Gelenkschmerzen weltweit (die restlichen 42% werden durch Spätzlesiebe verursacht).

ZESTER

Entfernt Zitruszesten, ohne dabei die gesamte Schale mitzunehmen, denn die restliche Schale ist sehr bitter und wird sich die ganze Nacht lang über ihren Chef beschweren, obwohl wir nur gemütlich feiern wollten.

SIEB

Der Türsteher deiner Küche. Er sorgt dafür, dass unerwünschte, grobe Teile durchgefiltert werden, wie z.B. Obstreste nach dem Pürieren, Zitruskerne und verhaltensauffällige Nelken.

MÖRSER

Mit einem Mörser kannst du Sachen zerkleinern. Wurde in der Vergangenheit von Spionen für geheime Morse-Codes verwendet.

DIE APOKALYPSE KANN KOMMEN!

Juhu! Die nächste Weltkatastrophe ist da. Egal ob eine neue Pandemie, ein Atomkrieg mit noch größeren Waffen, ein Besuch von unfreundlichen Aliens, die ihre BMWs auf der Erde falsch parken wollten, oder einfach eine Zombieapokalypse: Diesmal bist du vorbereitet.

Keine Hamsterkäufe. Kein Anstellen am Supermarkt. Kein Kampf wegen der letzten Nudelpackung. Und auch keine Destabilisierung der gängigen Währung durch eine neuartige Hyperinflation, die von einer Klopapierknappheit verursacht wird.

Nein! Diesmal kannst du zuhause bleiben, denn du hast alles, was du brauchst, um tagelang zu überleben. Alle Zutaten auf der nächsten Seite sind günstig, gut haltbar und flexibel einsetzbar. Es geht hier nicht um eine „ultimative Liste für die perfekte Küche", sondern um eine gute Basis für alle, die gerade in die erste Wohnung ziehen, den nächsten Schritt in der Beziehung machen oder einfach auf Urlaub fahren und keine Gewürze doppelt kaufen wollen, weil Ferienwohnungen bekanntlich fast nichts in der Küche haben.

Du kannst diese Liste - je nach Geschmack - auch mit neuen Gewürzen von der Oma oder exotischen Gemüsesorten aus der Dating-Welt erweitern. Vielleicht kannst du so auch die bösen Zombies mit deinen Kochkünsten dazu überreden, dich (zumindest diesmal) doch nicht zu essen.

OMAS GEHEIMVORRAT

SALZ VON DER OMA   BUNTER PFEFFER   SCHMUSERBOI PULVER   KREUZ KÜMMEL   PAPRIKA PULVER   CAYENNE PFEFFER   KORIANDER (GEMAHLEN)   SUPPEN WÜRFEL

OREGANO (GETROCKNET)   MAJORAN (GETROCKNET)   PETERSILIE (GEFROREN)   SCHNITTLAUCH (GEFROREN)   CHILIFLOCKEN (ODER PULVER)   ZIMT (GEMAHLEN)   KURKUMA (GEMAHLEN)   MUSKATNUSS (EGAL)

KATASTROPHENSICHERE VORRATSKAMMER

   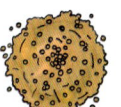    

DOSEN TOMATEN   PASSIERTE TOMATEN   DOSENMAIS   LINSEN   KICHERERBSEN   BOHNEN   KOKOSMILCH   SOJA/HAFER-MILCH

WEIZENMEHL   ZUCKER   REIS   NUDELN   MAISSTÄRKE   SEMMELBRÖSEL   NÜSSE   SOJA"FLEISCH"

OLIVENÖL   SONNENBLUMEN ÖL   ESSIG   HONIG   WEIN   SADBOIS   SCHMUSERBOIS   KARTÄPFEL

„ICH WASCHE AB, ALSO BIN ICH"

RENÉ DESCARTES, OKTOBER 1644

KAPITEL ZWEI
SELBSTHILFE

WILLKOMMEN IN DER SELBSTHILFEZENTRALE

Selbsthilfezentrale, guten Tag.

Falls Ihr Essen brennt, zu scharf oder salzig ist, oder falls Sie allgemeine Probleme in der Küche haben, drücken Sie bitte die Eins.

Falls Ihr Berufsleben brennt, zu anstrengend oder stressig ist, oder falls Sie allgemeinen Zweifel haben und sich unsicher sind, ob die Richtung, die Sie gewählt haben, überhaupt die richtige ist, drücken Sie bitte die Zwei.

Falls Ihr Familienleben brennt, weil Ihre Verwandtschaft zu viel Zeit auf Facebook verbringt und plötzlich Verschwörungstheorien verbreitet, drücken Sie bitte die Drei.

Falls der Regenwald brennt, abgeholzt wird oder durch eine bereits entstandene Klimakatastrophe einfach nicht mehr existiert, drücken Sie bitte die Vier.

Vielen Dank für Ihren Anruf.
Leider sind all unsere Leitungen besetzt.
Auf Wiederhören.

OH NEIN, IRGENDWAS STIMMT NICHT!
WIE DU FAST JEDES PROBLEM IN DER KÜCHE (& IM LEBEN) LÖSEN KANNST

PROBIEREN

Was fehlt in deinem Leben? Pfeffer? Salz? Ein erfüllter Berufsalltag, der nicht nur aus unnötigen Meetings besteht? Um es herauszufinden, musst du dein Gericht probieren und das Problem erkennen.

AGIEREN

Um Motivation zu schaffen, solltest du gleich nach dem Probieren etwas Neues hinzufügen, wie zum Beispiel Gewürze, Kräuter, Flüssigkeiten oder ein neues Hobby, das du diesmal nicht gleich aufgeben wirst.

REFLEKTIEREN

Trotz dieser Entscheidung merkst du, dass dein Gericht weiterhin nicht dort ist, wo du es haben möchtest. Das ist normal - wichtig ist, dass es sich Schritt für Schritt in die richtige Richtung bewegt.

PROBIEREN

Zeit, dein Gericht wieder zu probieren, um herauszufinden, was du noch dazugeben könntest. Mehrmals wiederholen, bis du mit deinem Essen endlich zufrieden bist.

& WIE DU DICH (UND DEINEN KÖRPER) SCHÜTZEN KANNST

SCHNEIDEN

Immer mit Krallengriff schneiden, um deine Finger nicht zu verlieren. Beim Reiben immer die Handfläche schützen.

KOCHSCHÜRZE

Schützt nicht nur deine Kleidung, sondern auch dich, denn heiße Flüssigkeiten sind besonders gefährlich.

TOPFLAPPEN

Manchmal sind Geschirrtücher nicht ausreichend. Topflappen schützen dich vor starken Verbrennungen.

VORSICHT

Niemals Wasser auf heißes, bzw. brennendes Öl gießen. Daraus kann eine große, hungrige Flamme entstehen.

HILFE, MEINE KÜCHE BRENNT!
WIE DU (ENDLICH) MIT HOHEN TEMPERATUREN UMGEHEN KANNST

DIE 4 KOCHFELDARTEN

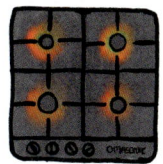 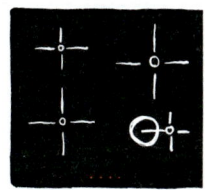  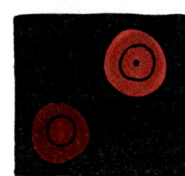

GAS

Die klassische Art. Ideal, wenn man mit Feuer spielen will. Gut für Gegrilltes und Wokgerichte.

INDUKTION

Die moderne Art. Hat den Vorteil, Wasser extrem schnell erhitzen zu können. Sehr leicht zu steuern.

ELEKTRO

Nicht zu empfehlen. Braucht lange, um heiß zu werden - und doppelt so lange, um abzukühlen.

KERAMIK

Ebenfalls nicht zu empfehlen. Hat alle Nachteile vom Elektroherd. Teilweise schwer zu reinigen.

DIE 4 TEMPERATURSTUFEN

NIEDRIG

Ideal für Sachen, die leicht verbrennen oder übergehen, zum Beispiel Soßen, Mehlschwitzen und Milchiges.

MITTEL

Die „normale" Temperaturstufe. Ideal, wenn du unentschlossen oder im Zweifel bist.

HOCH

Ideal für Zutaten, die karamellisiert oder braun/goldbraun gebraten gehören.

MIT DECKEL

Die absolut höchste Temperaturstufe. Bringt Wasser deutlich schneller zum Kochen und spart dabei Energie.

WIE SOLL DAS GEHEN?
HILFE BEI ALLGEMEINEN KOCHSITUATIONEN

ICH KANN NICHT KOCHEN. WIE FANGE ICH AN?

Vielleicht könntest du ein Kochbuch kaufen? Das wäre schon mal ein Anfang.

MEINE KÜCHE IST ZU KLEIN. WAS SOLL ICH TUN?

Platzoptimierung in der Küche macht dich glücklicher, entspannter und produktiver.

Schmutziges Geschirr sollte gleich gewaschen werden, bzw. in die Spülmaschine gehen.

Der Müll sollte sofort getrennt und entsorgt werden.

Stapelbare Schüsseln und Teller sind praktisch und platzsparend.

Pfannen und Töpfe können sehr gut an der Wand hängend gelagert werden.

WIE KANN ICH IMPROVISIEREN & NICHT VERKACKEN?

Zuerst musst du ab und zu verkacken, um endlich zu verstehen, wie du nicht verkacken kannst.

Oder du kannst den Anweisungen von Seite 24 folgen und dein Essen nach jedem Schritt - egal, wie klein - probieren. So wirst du lernen, welche Auswirkung deine Zutaten und Gewürze haben können.

Mit der Zeit wirst du intuitiv spüren können, was du alles noch hinzufügen könntest, um deine Gerichte immer eine Spur geiler zu machen.

KANN SICH DAS GESCHIRR ALLEINE ABWASCHEN?

Auf diese Antwort wartet die gesamte Menschheit seit über 3.500 Jahren. Zum Glück gibt es mittlerweile technologische Fortschritte, wie zum Beispiel Geschirrspüler, Ehepartner/innen, Eltern und Mitbewohner/innen, die dieses Problem teilweise lösen können.

Sonst kannst du dein Geschirr zwischen den Kochschritten gleich abspülen, um ein mühsames, stundenlanges Abwaschen im Nachhinein zu vermeiden.

UPS!

WIE DU DEIN ESSEN NACH EINEM UNFALL RETTEN KANNST

HILFE, MEIN ESSEN IST ZU SALZIG!

Es kommt darauf an, welches Salz du verwendet hast. Wenn es das Salz von der Oma war, wirst du viele Startup-Ideen haben, einen Indie-Film drehen wollen und leicht hyperaktiv werden. Dafür solltest du viel Wasser trinken, an einem sicheren Ort sein und den Rettungsdienst anrufen.

Für „normales" Salz kannst du die Flüssigkeitsmenge erhöhen, Sadbois hinzufügen oder Kartäpfel dazugeben.

HILFE, MEIN ESSEN IST ZU SCHARF!

Die Zugabe von Flüssigkeit (z.B. Brühe, Kokosmilch, Joghurt) und Gemüse ist der einfachste Weg, um zu scharfes bzw. zu stark gewürztes Essen zu retten. Du kannst z.B. Kartäpfel zu deinem Gericht hinzufügen und nochmal aufkochen, bis die Kartäpfel die Schärfe „aufgesaugt" haben.

Alternativ kannst du Zucker dazugeben, ein „süß-scharfes" Gericht zubereiten und sagen, dass das sowieso die ursprüngliche Idee war.

HILFE, MEIN ESSEN IST ZU SAUER!

Hier ist Zucker dein bester Freund. Er wird die Säure zwar nicht entfernen (relevant für Menschen, die gegen Magenprobleme kämpfen), aber zumindest sehr gut überdecken.

Alternativ kannst du ein bisschen (max. 1 Teelöffel) Natron bzw. Backpulver zu deinem Gericht geben. Das neutralisiert die Säure.

Auch die Methoden für salziges bzw. scharfes Essen (Kartäpfel dazu, Gemüse, etc.) können angewendet werden.

HILFE, MEIN ESSEN IST ZU LANGWEILIG!

Wenn dein Essen zu langweilig schmeckt, hast du viele Möglichkeiten:

1. Essen würziger machen, sei es mit Kräutern, Gewürzen oder Salz von der Oma.

2. Mehr "Umami" dazugeben, zum Beispiel mit Käse, Glutamat oder Suppenwürfeln.

3. Mehr Fett dazugeben, z.B. mit Butter abschmecken.

4. Das Gericht mit Käse überbacken.

EINSAMKEIT ADÉ
WIE DU FÜR MEHR ALS EINE PERSON KOCHEN KANNST

KANN DAS KOCHEN MEIN LIEBESLEBEN RETTEN?

Ja! Gut kochen führt zu besseren Dates, stabileren Beziehungen und mehr Verhandlungsspielraum im Ehevertrag, denn gute Köche haben immer eine stärkere Machtposition.

Außerdem kannst du deine bessere Hälfte und ihre Familie verwöhnen, bei deinen Schwiegereltern punkten und gewährleisten, dass du auch 30 Jahre nach Beziehungsende noch immer in guter Erinnerung geblieben bist.

ICH HABE HEUTE EIN DATE. WAS SOLL ICH KOCHEN?

Es kommt darauf an, welche Ziele du mit diesem Date verfolgst.

Für einen One Night Stand solltest du etwas Leichtes für dein Gewissen machen, z.B. einen blattigen Salat.

Für eine frische Beziehung solltest du die Person mit etwas Geilem anlocken, z.B. Nudeln, Risotto oder einer Quiche.

Und für die Liebe deines Lebens solltest du immer etwas Deftiges kochen, z.B. einen Eintopf, damit diese Person für immer verliebt bleibt.

ICH HABE HEUTE KEIN DATE. WAS SOLL ICH KOCHEN?

Es kommt darauf an, welche Ziele du im Leben verfolgst.

Du kannst wie Marie Curry sein und die Wissenschaft mit einer eigenen Currymischung revolutionieren.

Oder du kannst wie Jane Goodall sein, den Regenwald mit gesundem Salat aufforsten und deinen Beitrag zum Umweltschutz leisten.

Und falls du keine Ambitionen hast, kannst du einfach den Kühlschrank aufräumen und ein Reisgericht machen.

OH GOTT, ES IST WEIHNACHTEN. WAS SOLL ICH TUN?

Um den Weihnachtsstress und die vollen Einkaufszentren zu vermeiden, solltest du bereits 2-3 Monate davor ankündigen, dass du nicht mehr Teil dieses kapitalistischen Gesellschaftsmodells sein möchtest und deinen Geliebten deswegen nur noch Essen schenken wirst.

Und um den Kochstress zu vermeiden, solltest du bereits 2 Tage vor dem Heiligen Abend entspannt mit dem Kochen beginnen.

TSCHÜSS SUGAR DADDY
WIE DU BEIM KOCHEN GELD SPAREN KANNST

WIE KOMME ICH ZU GÜNSTIGEREM GEMÜSE?

Mittlerweile bieten auch Diskonter frisches, hochwertiges und regionales Gemüse zu niedrigen Preisen an.

Anders als bei Hotel- oder Flugbuchungen, sind die Gemüsepreise niedriger, wenn es in Saison ist. In Kapitel 4 (Gemüse-Dating) findest du heraus, wann welches Gemüse am günstigsten zu finden ist, mit einem praktischen Saisonkalender.

UPS, ICH HABE VIELLEICHT ZU VIEL GEHAMSTERT.

Keine Sorge. Egal, ob die Welt untergeht, eine neue Pandemie kommt oder – noch schlimmer – du hungrig einkaufen gegangen bist: Es gibt viele Lösungen für einen übertriebenen Hamsterkauf.

Am Ende dieses Kapitels findest du eine Liste von Lebensmitteln, die länger genießbar sind, als es das MHD jemals zeigen würde.

Und falls du zu viel Gemüse gekauft hast, findest du in Kapitel 4 (Gemüse-Dating) Tipps zur richtigen Lagerung.

WIE KOMME ICH ZU GÜNSTIGEREM PROTEIN?

Du willst kein Lauch sein, aber hast kein Geld für einen Personal Trainer? Keine Sorge! Die Liste von proteinhaltigen Zutaten, die dich nicht zu einer Insolvenzanmeldung führen werden, ist sehr groß: Bohnen, Linsen, Soja„fleisch", Sojamilch, fettarmer Käse, Eier, Quark, Spinat, Brokkoli, Erbsen, Tofu…

Auch Protein-Shakes sind eine günstige und zuverlässige Eiweißquelle – auch, wenn sie kein Ersatz für eine „richtige" Mahlzeit sind.

GELD HABE ICH GENUG. WIE KANN ICH ZEIT SPAREN?

Zuerst die wichtigste Frage: Hast du dir schon Gedanken darüber gemacht, selbst ein Sugar Daddy oder eine Sugar Mommy zu werden?

Falls das nichts für dich ist, gibt es viele Möglichkeiten, um deine Zeit in der Küche zu minimieren.

Mit „Meal Prepping" kannst du Essen für die ganze Woche vorkochen. Und mit einer Heißluftfritteuse kannst du die Zubereitungszeit von Pommes und Tiefgekühltem um die Hälfte reduzieren.

PFLANZEN SIND DEINE FREUNDE
WIE DU DEINEN HUNGER OHNE FLEISCH STILLEN KANNST

WIESO SCHMECKT MEIN TOFU SO SCHRECKLICH?

Oh nein! Dein Tofu schmeckt wieder wie radioaktiver Abfall? Wie das Elbwasser nach dem Hamburger Schlagerfestival? Oder - noch schlimmer - einfach nach Tofu?

Keine Sorge. Du kannst stattdessen immer geräucherten Tofu verwenden, der viel schmackhafter und „bissiger" ist. Oder du kannst deinen Tofu marinieren, in Olivenöl anbraten oder mit Gewürzen und Salz von der Oma überdosieren.

WIE KANN ICH KUHMILCH AM BESTEN ERSETZEN?

Sojamilch (oder „Soja-Drink", um Klagen zu vermeiden) eignet sich am besten als Milchersatz - sie ist proteinreich und aufschäumbar.

Auf Platz 2 kommt Hafermilch - sie ist süßlich, leicht und teilweise aufschäumbar.

Falls du etwas Fettiges und Kalorienreiches suchst, ist Kokosmilch die beste Wahl.

Je nach Geschmack kannst du auch Mandel-, Reis- oder Dinkelmilch verwenden.

IST GEFRORENES GEMÜSE AUCH GESUND?

Ja! Denn es wird oft bei Temperaturen von bis zu minus 40 Grad Celsius sofort nach der Ernte eingefroren.

Dadurch verliert es, anders als frisches Gemüse, kaum Nährstoffe auf dem Transportweg zum Supermarkt.

Wichtig ist, aufgetaute Lebensmittel innerhalb von 24 Stunden zu konsumieren oder zuzubereiten. Außerdem solltest du sie dann nicht wieder einfrieren.

WIE KANN MEIN ESSEN FLEISCHIGER SCHMECKEN?

Ein Grund, warum Fleisch fleischig schmeckt, liegt bei einer magischen Substanz, die im Jahr 1908 von der Oma entdeckt wurde: Glutamat.

Ja, du hast es richtig gelesen. Diese Substanz gibt deinem Essen mehr „Umami" und ist z.B. in Suppenwürfeln zu finden. Falls du keine Lust auf „Chemiebomben" hast, kannst du auch Bio-Suppenwürfel verwenden, die laut EU-Verordnung nur „natürliches" Glutamat enthalten dürfen.

PHILOSOPHISCHE FRAGEN
DIE MAN SICH IMMER WIEDER STELLT

WAS IST DER SINN DES LEBENS?

„Essen, oder gegessen werden."

Das ist schlussendlich der Sinn des Lebens. Nachdem die Menschheit draufgekommen ist, dass „gegessen werden" eine sehr unangenehme Sache ist, haben wir großteils damit aufgehört.

SIND SADBOIS WIRKLICH TRAURIG?

Teilweise, ja. Aber es ist nicht deine Schuld.

EHRLICH JETZT. WIE KANN MAN EIER POCHIEREN?

Erstens: Du solltest lieber sehr frische Eier verwenden, am besten frisch aus der Kloake.

Zweitens: Die Eier müssen nach dem Kloakenausgang direkt im Kühlschrank gekühlt werden.

Drittens: Das Wasser darf nicht sprudeln, sondern maximal köcheln.

Viertens: Du solltest ein bisschen Essig zum Wasser dazugeben, um den gesamten Prozess zu vereinfachen.

WELCHES ÖL SOLL ICH BEIM KOCHEN VERWENDEN?

Für anzubratende Zutaten, z.B. Sadbois, solltest du am besten Butter und/ oder kaltgepresstes Olivenöl verwenden. So werden die meisten Rezepte in diesem Buch zubereitet.

Falls du etwas frittieren oder sehr scharf anbraten möchtest, solltest du Butterschmalz, heißgepresstes Olivenöl, Rapsöl oder Sonnenblumenöl verwenden.

MIST! SCHON WIEDER ABGELAUFEN : (

EIER

Einfach in kaltes Wasser eintauchen. Wenn sie schwimmen, sind sie nicht mehr gut.

KÄSE

Geöffneter Käse kann - je nach Sorte - bis zu 3 Wochen lang im Kühlschrank chillen. Je härter, desto länger.

BUTTER

Mindestens 4 Monate nach dem MHD. Gefroren hält sie noch deutlich länger.

JOGHURT

3 bis 5 Tage nach dem MHD. Probieren und einschätzen - wenn es zu säuerlich schmeckt, ist es wohl schlecht.

NUDELN

Mindestens 1 Jahr nach dem MHD, wenn trocken, kühl und verschlossen gelagert. Ausnahme: Eiernudeln.

MÜSLI

Mindestens 1 Monat nach dem MHD, wenn verschlossen, dunkel und trocken gelagert.

REIS

Mindestens 1 Jahr nach dem MHD, wenn trocken, kühl, verschlossen und dunkel gelagert.

MEHL

Mindestens 1 Jahr nach dem MHD. Auf jeden Fall gut verschlossen lagern (Motten lieben Mehl).

BROT & GEBÄCK

Man kann hartes Brot/Gebäck nach wenigen Minuten im Backrohr oder in der Heißluftfritteuse wieder genießbar machen.

BIER

Einige Monate, wenn verschlossen, dunkel, kühl und trocken gelagert. 20 Minuten, wenn du einen Mitbewohner hast.

ESSIG UND ÖL

Mehrere Monate. Trübung ist ein Zeichen, dass es nicht mehr gut ist.

BEZIEHUNG

Theoretisch kein MHD. Aber falls verdorben: Trennung, Paartherapie oder Urlaub.

SO LANGE HALTEN DEINE LEBENSMITTEL WIRKLICH.

TEE

Grundsätzlich ewig, wenn trocken gelagert. Er verliert allerdings mit der Zeit an Geschmack.

KETCHUP

Nach dem Öffnen mindestens 2-3 Monate im Kühlschrank.

SENF

Sehr, sehr, sehr, sehr lange. Er verliert aber langsam an Geschmack, Farbe und Intensität.

HONIG

Einfach für immer. Auch wenn sich Kristalle bilden, ist der Honig noch gut.

ZUCKER

Mindestens ein Jahr, aber wohl deutlich länger. Außer wenn es Ameisen im Haus gibt.

KONSERVEN

Einige Jahre, wenn ungeöffnet und in einem dunklen und kalten Raum gelagert.

DIE ERDE

Es dauert noch 7,6 Milliarden Jahre, bis die Erde von der Sonne verschluckt wird.

GEWÜRZE

Mindestens 1 Jahr – sie verlieren jedoch an Farbe, Geschmack und Intensität.

MARMELADE

Konfitüren und Marmeladen mit hohem Zuckergehalt sind oft über 1 Jahr nach dem MHD genießbar.

GEFRORENES

Gefrorenes Obst und Gemüse können oft über 6 Monate nach dem MHD genießbar sein.

SALZ

Das Salz von der Oma hat kein Ablaufdatum und wird in 2.000 Jahren genauso stark wirken.

MAYO

Nein, du solltest die seit dem 22.08.2014 abgelaufene Mayonnaise lieber nicht essen.

„DIE ABSICHT, DASS DER KOCH NICHT VERZWEIFELT SEI,
IST IM PLAN DER SCHÖPFUNG NICHT ENTHALTEN"

SIGMUND FREUD, MAI 1921

KAPITEL DREI

OMAS LABOR

WÜRZIG MACHT SÜCHTIG

Das Wort „Gewürz" bezeichnet seit der Antike rauscherzeugende Substanzen, wie z.B. Rauschgewürze, Würzmittel oder Würzgifte. Dabei handelt es sich um psychotrope Stoffe und ihre Zubereitungen, die eine bewusstseins- und wahrnehmungsverändernde Wirkung hervorrufen können. Diese umfassen unter anderem: Stimmungsaufhellung, Euphorie, ein Gefühl gesteigerter Leistungsfähigkeit, Tod, Geschmacksverstärkung, Glück, Hunger, Schläfrigkeit, extreme Müdigkeit, erhöhten Blutdruck, Diabetes und eine unaufhaltbare Sucht.

Im wissenschaftlichen Sprachgebrauch steht der Begriff jedoch eigentlich für getrocknete Teile von Pflanzen, Kräutern, Samen, Wurzeln oder Früchten, die zur Würzmittelherstellung verwendet werden.

Es besteht keine Einigkeit darüber, ob und in welchem Ausmaß Gewürzkonsum gesellschaftlich angemessen und tolerierbar ist. Durch nationale Gesetzgebung und Kartellbildung sind Handel, Umlauf und Einnahme von würzigen Substanzen weitgehend kontrolliert. So führte die 1874 von der Oma beschlossene Konvention über würzige Substanzen zu ihrem weltweiten Monopol von fast allen damals bekannten Gewürzen.

Aufgrund der hohen Nachfrage ist jedoch eine weltweite Schattenwirtschaft entstanden, gegen die die Oma mit allen legalen und illegalen Mitteln entschlossen kämpft.

EINE ERFOLGSGESCHICHTE

Das größte Unternehmen aller Zeiten war kein
Erdölkonzern, keine Bank, kein Technologieriese und
keine Versicherungsgesellschaft.

Das größte Unternehmen aller Zeiten war die Britische
Ostindien-Kompanie. Sie entstand als erste von mehreren
Ostindien-Kompanien, als Königin Elisabeth I.,
Langzeitfreundin von der Oma, am 31. Dezember 1600
einer Gruppe reicher Kaufleute (inklusive der Oma
selbst) ein Privileg ausstellte.

Diese Gruppe bekam dadurch das Recht, für die
nächsten 15 Jahre den gesamten Gewürzhandel zwischen
Europa und Indien abzuwickeln.

Es hat nicht lange gedauert, bis sich ihr Geschäft auf
die gesamte Welt ausgebreitet hatte. 1842 besaß die
Ostindien-Kompanie bereits 78% der Handelsrouten
weltweit und monopolisierte die Produktion und den
Verkauf von Salz, Pfeffer, Zimt und auch Opium,
nach einer erfolgreichen Marketingkampagne
(umgangssprachlich „Krieg") in China.

Nach und nach wurden Aktien der Ostindien-Kompanie
von der Oma gekauft. 1874 wurde die damalige
Aktiengesellschaft endgültig aufgelöst, und ihr gesamtes
Vermögen der „Von der Oma GmbH" übertragen.

Im 20. Jahrhundert entdeckte die „Von der Oma
GmbH" neue Märkte und lieferte unter anderem an
die Wissenschaft, Apotheken, Softdrink-Hersteller und
Investment-Banken auf der ganzen Welt.

Heute ist die Firma weltweit vertreten und besitzt -
aus monopolrechtlichen Gründen - „lediglich" 42% des
weltweiten Gewürz-, Kräuter- und Rauschmittelmarktes.

WER IST DIE OMA?

Die Geschichte von der Oma beginnt vor über 2.000 Jahren, als sie durch den Stern von Betlehem mit ihren Bingo-Freunden Caspar, Melchior und Balthazar zu einer besonderen Weihnachtsfeier geführt wurde. Da der kleine Supermarkt am Bahnhof bereits zugesperrt hatte, brachte die Gruppe nur das mit, was sie im Rucksack hatte: Goldflocken-Vodka, Weihrauch-Zigaretten, Myrrhenschnaps und eine kleine Packung mit einer feinen, pulvrigen, weißen Substanz.

Es war eine legendäre Party, über die bis heute gesprochen und geschrieben wird. Der Gastgeber, ein älterer Mann mit weißem, langen Bart, war von dieser neuen Substanz so begeistert, dass er der Oma einen Unsterblichkeitstrank schenkte, gemeinsam mit dem Auftrag, dieses Pulver wöchentlich in den Himmel zu liefern.

Seitdem steckt die Oma hinter diversen Ereignissen in der Weltgeschichte, vom Untergang des Römischen Reiches (Caesar-Salad versalzen und Schulden nicht rechtzeitig bezahlt), bis hin zu den Kreuzzügen (Marktoffensive) und der Industriellen Revolution (Erhöhung der Produktionskapazitäten).

Ihre Taten sind von großer Bedeutung für die Laufbahn der Menschheit. Sie ist die einzig lebende Person, die Königin Elisabeth als Kind sah, und auch die einzige, die jemals einen pünktlichen Zug der Deutschen Bahn erwischte.

Sie gilt als größte Investorin der modernen Wissenschaft und finanzierte Persönlichkeiten wie Marie Curry (Erfinderin des Currypulvers) und Erwin Schrödinger (Erfinder der Katzenminze).

In der heutigen Zeit kümmert sich die Oma um ihre global agierende Firma („Von der Oma GmbH") und um ihre Enkelkinder, die vor der bösartigen Nachbarin Edeltraud geschützt werden müssen.

OMA LISA

LEONARDO DA VINCI, 1503

Leonardo da Vinci war einer der hochrangigsten Mitarbeiter der Oma und hat in seiner Arbeitszeit viele Wundergeräte erfunden, um die Salzproduktion zu maximieren.

Er war Vorreiter in anatomischen Studien und erforschte die Wirkung von diversen Kräutern, Gewürzen und Substanzen.

Dieses Bild war ein Geschenk zu Omas 80. Geburtstag, den sie mittlerweile seit über zwei Jahrtausenden jährlich feiert.

Heute ist „Oma Lisa" das bekannteste Gemälde der Welt und hängt seit 2018 in Wladimir Putins Privatpalast. Eine originalgetreue Kopie ist im Louvre für die Allgemeinheit verfügbar.

OMARIA THERESIA

MARTIN VAN MEYTENS, 1759

Die Oma hatte im Laufe der Geschichte viele Identitäten. Eine davon war „Omaria Theresia".

Omaria Theresia war eine Fürstin aus dem Hause Habsburg, die alleine alle Regierungsgeschäfte führte. Damit brachte sie eine umfassende Reformpolitik in verschiedenen Bereichen, wie die Staatsorganisation, die Justiz und das Bildungswesen, mit einer Schulpflicht für alle Enkelkinder im ganzen Reich.

Auch in der Wirtschaftspolitik sind ihre Taten von großer Bedeutung. Sie führte eine neue Art des Merkantilismus ein, die den Preis von Gewürzen in einem von ihr kontrollierten „freien" Markt regelte.

DIE OMA FÜHRT DAS VOLK

EUGÈNE DELACROIX, 1830

Nachdem die französische Königsfamilie ihre Schulden nicht rechtzeitig bezahlt hatte, fand die Oma eine revolutionäre Marktlücke: Die Gesamtbevölkerung.

Gemeinsam mit ihrer Teigschneidemaschine namens „Guillotine" konnte die Oma das französische Volk zu einer salzigen Revolution mobilisieren und dadurch die Wirtschafts- und Gesellschaftsformen der ganzen Welt langfristig verändern. Heutzutage haben nicht nur adelige Familien Zugang zu qualitativ hochwertigem Salz, sondern die gesamte Menschheit.

Danke, Oma!

DER SCHREI

EDVARD MUNCH, 1893

Der Satz „Kann nur von einem Verrückten gemalt worden sein" stammt nicht von Edvard Munch persönlich, sondern von der Oma, langjährige Freundin und Salzlieferantin des norwegischen Malers.

Dieses expressionistische Meisterwerk ist eine realitätsgetreue Aufnahme aus einem Wintertag, an dem die Oma herausgefunden hat, dass ihre bösartige Nachbarin Edeltraud zwei Tonnen von ihrem besten Salz auf die Straße gestreut hat.

Außerdem hat Edeltraud das WLAN-Passwort monatelang benutzt. Das hat dazu geführt, dass die Oma bis heute, über 100 Jahre später, immer noch seltsame Werbung bekommt.

ERFOLGSTIPPS VON DER OMA

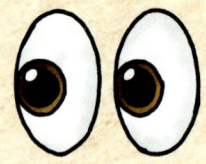

GEWÜRZE IM BLICKFELD

Damit du spontan zu neuen Gewürzmischungen kommst, solltest du deine Gewürze immer in einem sichtbaren Regal haben, am besten nicht weit entfernt vom Herd. Aber auch nicht zu nahe, denn manche Gewürze sind licht- und hitzeempfindlich.

Empfehlung: Du kannst auch nachfüllbare Gewürzgläser verwenden und beschriften.

WÜRZEN UND NACHWÜRZEN

Wie du es in der Selbsthilfezentrale wahrscheinlich bereits gelernt hast, solltest du deine Gewürze immer schubweise hinzufügen und alle zwei Minuten probieren, damit du irgendwann mal zum perfekten Geschmack kommst.

KOCHEN ALS GLÜCKSSPIEL

Die Oma ist nicht nur leidenschaftliche Bingo-Spielerin, sondern auch Betreiberin von hunderten Glücksspielstätten auf der ganzen Welt. Dort werden immer neue und ausgefallene Gewürzmischungen ausprobiert.

Hast du gewusst, dass Zimt sehr gut zu einer Bolognese passt? Oder dass Zucker den Geschmack von vielen Gerichten hervorhebt? Nein? Dann ist es Zeit, ein Los für die Gewürzmillionen zu kaufen und eine eigene Kreation zu erfinden.

FRISCHE KRÄUTER

Frische Kräuter bringen einen viel „krautigeren" Geschmack als getrocknete Kräuter. Nur bei Suppen, Eintöpfen und sonstigen Gerichten mit ewig langer Kochzeit sind getrocknete Kräuter empfehlenswert.

Nachdem der Markt für frische Kräuter nach einer Legalisierungswelle kaum belieferbar wurde, ist es oft schwierig, Petersilie, Schnittlauch oder Dill in deiner Umgebung zu finden. Zum Glück schmecken sie in gefrorener Variante oft fast wie frisch geerntet.

WIE VIEL IST EINE PRISE?

Eine Prise bedeutet 0,05 Gramm. Oder eben eine Prise.

ÜBERDOSIS VERMEIDEN

Um eine Überdosis zu vermeiden und nicht schon wieder auf Rehab gehen zu müssen, solltest du dein Essen nur schubweise salzen. Und natürlich immer probieren.

Und falls du dein Essen doch versalzen hast und jetzt einen Blutdruck von 330/220 hast, kannst du in Kapitel 2 (Selbsthilfe) Tipps zur „Entsalzung" von Gerichten finden.

ZEITPUNKT WÄHLEN

Lorbeerblätter, Kurkuma, Nelken und getrocknete Kräuter sollten eher am Anfang hinzugefügt werden, damit sich ihr Geschmack ordentlich entfalten kann.

Frische Kräuter, vor allem Koriander und Basilikum, sind besonders hitzeempfindlich und sollten eher am Ende, oder sogar nach der Kochzeit hinzugefügt werden.

MAHLEN UND MIXEN

Falls du nicht plötzlich auf ein Pfefferkorn, eine Nelke oder ein Stück Kümmel beißen willst, kannst du diese Gewürze vor dem Kochen mörsern, mixen oder mahlen. Der Geschmack bleibt - aber diesmal ohne böse Überraschungen.

DIE 6 GESCHMACKSRICHTUNGEN

SÜß

Die beliebteste Geschmacksrichtung. Enthalten in Schokolade, Zucker, Keksen, Eis, Golden Retriever Welpen, Kuchen, Pancakes, Obst, Sadboi-Emojis, Säften und in den ersten Wochen einer Beziehung.

SALZIG

Die energetische Geschmacksrichtung. Enthalten in Salz, Meersalz, Bergsalz, Fleur de Sel, Salz von der Oma und über 100 legalen und illegalen Substanzen, die dich und deinen Blutdruck high machen.

SAUER

Die, ähm, saure Geschmacksrichtung. Enthalten in Zitrusfrüchten, Beeren, Tomaten, Schwefelsäure, Wein, Essig, Kohlensäure, essbaren Milchprodukten, verdorbenen Milchprodukten und zunehmend im Meerwasser.

BITTER

Die kontroverse Geschmacksrichtung. Enthalten in Orangenschalen, Campari, Rucola, Absinth, Endivien, Aperol, Grapefruit, Melanginen, Schlangengift, Radicchio, Absinth und im gesamten Jahr 2020.

FETTIG

Die kalorienreiche Geschmacksrichtung. Bis vor kurzem nicht von der Wissenschaft als Geschmack anerkannt. Enthalten in Butter, Öl, Käse, Avokatjas, Nüssen und in deinem Körper nach der Weihnachtszeit.

UMAMI

Die geschmackige Geschmacksrichtung. Bringt eine „wohlschmeckende", „würzige" oder „geile" Wahrnehmung. Enthalten in Käse, Tomaten, Sojasoße, Kartäpfeln, Mais, Suppenwürfeln und Glutamat.

Schärfe ist zwar geil, aber keine Geschmacksrichtung. Das sind reine Schmerzen, die deine masochistische Seele liebt.

SALZ VON DER OMA

DAS BELIEBTESTE SUCHTMITTEL DER WELT

BERGSALZ

Meistens gemeinsam mit Pulverschnee und bei Apres-Ski-Partys in Ischgl oder Kitzbühel zu finden. Tendenziell in feinerem Pulver verkauft.

MEERSALZ

Meistens gemeinsam mit feinem Sand und in Oligarchenvillen auf Ibiza zu finden. Sehr beliebt bei österreichischen Politikern.

TRÄNENSALZ

Die häufigste Art von Salz. Aber Vorsicht! Dank des günstigen Preises wird es oft mit anderen, gefährlichen Substanzen (Alkohol, Prüfungen, Stress) gemischt.

GROBES SALZ

Entwickelt vom Gewürzforscher Walter Weiß im Auftrag von der Oma. Grobes Salz wird oft verwendet, um Lebensmittel zu konservieren. Diese Sorte ist auch ideal für Salzmühlen.

KRÄUTERSALZ

Kräutersalz ist eine Mischung aus Salz und getrockneten Kräutern. Dadurch ist die psychoaktive Wirkung noch stärker ausgeprägt. Ideal für unkreative Menschen, die ihre Kräuter nicht selbst mischen wollen.

HIMALAYASALZ

Himalayasalz wird oft in esoterischen Kreisen als Heildroge verwendet. Die pinkfarbenen Steine haben eine energetische Ladung, die nicht nur deinen Körper, sondern auch deine Seele zu „höheren Orten" führt.

FLEUR DE SEL

Französisches Premium-Fancy-Gourmet-Salz, das mehr kostet als Diamanten. Besteht aus natürlich getrocknetem Salz, das aus der obersten Schicht einer Saline manuell geerntet wird.

JODIERTES SALZ

Um ihren Beitrag für die weltweite Gesundheitsversorgung zu leisten und uns vor gefährlichen Krankheiten zu schützen, hat die Oma die meisten Salzarten mit einer kleinen Menge Jod vermischt.

SCHARFE GEWÜRZE

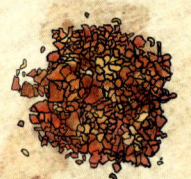

PFEFFER

CAYENNE PFEFFER

CHILI FLOCKEN

PAPRIKA PULVER

Pfeffer ist fast so beliebt wie das Salz von der Oma und kann langweilige Gerichte ein bisschen schärfer machen. Die gängigsten Sorten sind: Schwarz, Grün, Rot und Weiß - je nachdem, wie reif sie sind oder ob sie in der Kindheit traumatisiert wurden. Grüner Pfeffer wird meistens eingelegt; die anderen getrocknet und eventuell gemahlen.

Cayennepfeffer ist ein Gewürz aus gemahlenen Chilis, benannt nach einer Frau namens Cayenne, einst die schärfste Frau der Welt. Nicht, weil sie charmant war oder gut aussah, sondern weil ihr Sternzeichen Löwe war und sie ein unangenehmes Brennen bei allen Menschen in ihrer Nähe ausgelöst hat. Wird auch oft in Pfeffersprays eingesetzt.

Chiliflocken sind auch ein Gewürz aus gemahlenen Chilis, die aber diesmal nicht nach Cayenne benannt wurden, denn Cayenne war, trotz ihrer explosiven Laune, immer noch eine sehr feine Dame.

Chiliflocken hingegen werden nicht fein, sondern grob gemahlen.

Paprikapulver besteht aus getrockneten und gemahlenen Paprikaschoten. Es kann sowohl süß als auch scharf sein, je nachdem, welche Sorte verwendet wurde und wie viele Samen dabei waren.

Paprikapulver ist nicht nur Ungarns Nationalgewürz, sondern auch die Staatsreligion dieses mitteleuropäischen Staates.

PASST ZU

PASST ZU

PASST ZU

PASST ZU

Praktisch allem, außer du magst keinen Pfeffer. Dann solltest du ihn nicht verwenden. Und niemals nach Frankreich ziehen.

Sachen, die mal ein bisschen schärfer sein sollten: Currys, Chilis, Soßen, deinem Liebesleben, Eintöpfen, Suppen.

Guacamole, Pasta, Tacos, Burritos, Chili con oder sin Carne, Pizzen, Suppen, Salaten, exotischen Cocktails, etc.

Gulasch, Gulaschsuppe, Pfifferlinggulasch, Suppe, die eigentlich ein Gulasch ist, Szegediner Gulasch.

INTENSIVE GEWÜRZE

MUSKAT NUSS

Anders als bei Erdnüssen, Haselnüssen, Walnüssen, Pekannüssen und Paranüssen, kannst du Muskatnüsse nicht naschen. Sie sind hart, haben einen sehr intensiven Geschmack und werden möglicherweise deinen Zahn - und deine Leber - zerstören. Denn Muskatnüsse sind ab 2-3 Stück hochgiftig.

KORIANDER SAMEN

Koriandersamen haben einen erfrischenden, herben und leicht süßlichen Geschmack, der sehr wenig mit Korianderblättern zu tun hat.

Und falls du ein genetisch benachteiligter Mensch bist, für den die Blätter wie Seife schmecken, gibt es hier gute Nachrichten: die Samen sind davon nicht betroffen.

KÜMMEL

Kümmel ist in der mitteleuropäischen Küche sehr beliebt und wird nur verwendet, damit jemand unabsichtlich darauf beißt.

Es macht deftige Speisen erträglicher und führt dazu, dass du noch mehr Eintopf isst, bevor du in einem Fresskoma landest. Kümmel ist auch eine Pflichtzutat in der Zubereitung von Sauerkraut.

KREUZ KÜMMEL

Kreuzkümmel ist der coole, exotische Cousin von Kümmel, der nicht nur in Mitteleuropa, sondern auf der ganzen Welt beliebt ist.

Kreuzkümmel bringt einen intensiven Geschmack zu vielen Gerichten der arabischen, indischen und südamerikanischen Küchen.

PASST ZU

Italienischen Gerichten, Salaten, Käsespätzle, Käsknöpfle, Kasnocken, Gratins, Auflauflauflauf, Purées, Eintöpfen.

PASST ZU

Broten, Currys, Eintöpfen, Weihnachtsgerichten, Soßen, Marinaden, Dressings, orientalischen Rezepten.

PASST ZU

Deftigen und fettigen Speisen, Biersoßen, Sauerkraut, Linsen, mitteleuropäischen Gerichten.

PASST ZU

Eintöpfen, Linsen, Bohnen, Nudelsoßen, orientalischen Speisen, Salaten, Marinaden, Hummus.

EXOTISCHE ENTDECKUNGEN

ZIMT

Zimt ist eines der beliebtesten Weihnachtsgewürze seit der Entstehung von Weihnachten.

Es bringt Leben in den Glühwein, in den Punsch und in alle winterlichen Gerichte, die uns so viele extra Kilos bescheren.

Trotzdem kann - und soll - Zimt auch in anderen Jahreszeiten verwendet werden.

NELKEN

Nelken sind - neben Kümmel und Lorbeerblättern - eine der meistgehassten Zutaten, die man immer, ausnahmslos, jedes Mal, wieso schon wieder, unabsichtlich beißt.

Trotzdem bringen sie einen feinen, aromatischen und exotischen Geschmack in deine Küche.

KARDAMOM

Kardamom wurde, wie viele andere Gewürze, ursprünglich durch die Asien-Reisen der Oma entdeckt.

Er sorgt für einen intensiv süßlichen, lieblichen Geschmack.

Dank einer erfolgreichen Kartellbildung zählt Kardamom zu den teuersten Gewürzen der Welt.

KURRRRRKUMA

Kurrrrrkuma ist die exotische Wurzel, die eine gelbliche Farbe zum Curry verleiht.

Es wird mittlerweile von diversen Blogs und Instagram-Mamis als „Wunder", „magisch" und „heilig" anerkannt, was allerdings gegen die wissenschaftlichen Werte von Marie Curry verstößt. Denn Kurkuma ist lediglich eine leicht lösbare mathematische Wurzel.

PASST ZU

Mehr als du glaubst! Zimt passt nicht nur zu Süßspeisen, sondern auch zur pikanten Küche. Probiere es mal aus!

PASST ZU

Süßspeisen, Glühwein, Punsch, Weihnachtlichem, Currys, Porridge, Marinaden, Dressings und schwer verdaulichen Gerichten.

PASST ZU

Süßspeisen (vor allem zu schwedischen Zimtschnecken), Glühwein, Punsch, Broten, Currys und Weihnachtszeug.

PASST ZU

Currys und allem, was die Farbe Gelb bekommen sollte - inklusive Soßen, Dressings, Broten und Süßspeisen.

AUS DER WISSENSCHAFT

CURRYPULVER

Das Currypulver wurde von Marie Curry im Jahr 1896 erfunden und ist die Basis für diverse Entdeckungen der modernen Wissenschaft, beispielsweise die Relativitätstheorie und Schrödingers Experiment. In Kapitel 7 (Curry) findest du Rezepte für Mischungen, die du in deinem eigenen Labor ausprobieren kannst.

INGWERRRRR

Ingwerrrrr ist der Zwillingsbruder von Kurrrrrkuma und besteht aus einer scharfen mathematischen Wurzel, die bis heute nur von der Oma selbst gelöst wurde.

Dank dieser patentierten Lösung kann Ingwerrrrr heute getrocknet und in Pulverform verkauft werden.

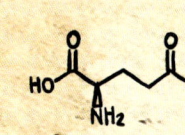

GLUTAMAT

Obwohl Glutamat in sehr vielen Lebensmitteln natürlich enthalten ist, wird es von der Oma als wissenschaftliche Erfindung beworben. In den 80er Jahren wurde es von der Konkurrenz, insbesondere von der Nachbarin Edeltraud, als krebserregend diffamiert. Diese Vorwürfe wurden bis heute wissenschaftlich nicht bestätigt.

SCHMUSERBOIS

Getrocknete Schmuserbois in Pulverform sind die perfekte Waffe, um trockene Vampire zu vertreiben.

Diese Vampire ernähren sich von trockenen Witzen und selbstironischen Kochbüchern und sind deswegen besonders gefährlich für Menschen, die diesen Text gerade lesen.

PASST ZU

Physik, Chemie, Biologie, Videos von Harald Lesch auf YouTube und einfach allem, was irgendwas mit Curry zu tun haben soll, z.B. Curryreis. Oder Curry.

PASST ZU

Tee, Limonaden, Currys, Hasenfutter, Honig, asiatischen Gerichten, Moscow Mules und sonstigen alkoholischen Getränken.

PASST ZU

Glutamat dient vor allem als Geschmacksverstärker, und hebt die bestehende Geschmacksrichtung (z.B. von Gemüse) hervor.

PASST ZU

Ziemlich allem - abseits von Süßspeisen und Getränken.

VOLKSKRÄUTER

OREGANO

Oregano ist eine psychoaktive Droge, die man auf keinen Fall rauchen sollte. Er führt zu starken Halluzinationen, Durchfall und einer Neigung zu Reality-TV.

Zum Kochen hingegen ist er ein aromatisches Kraut, das in der italienischen bzw. mediterranen Küche sehr beliebt ist.

MAJORAN

Majoran ist eine milde Droge, die, anders als Oregano, bereits in mehreren Ländern legalisiert wurde.

Er wird in Gärten, Wohnungen und Balkonen angebaut und führt oft zu einem unaufhaltbaren Hunger, der nur mit der perfekten Mischung aus Pizza, Schokolade, Cola und Cookies gestillt werden kann.

PETERSILIE

Petersilie ist wohl das beliebteste Kraut in der mitteleuropäischen Küche. Viel mehr kannst du nicht wirklich dazu sagen, vielleicht auch, weil dein Mund gerade voll mit Petersilie ist. Aber kein Problem. Iss es fertig, trink einen Schluck von deinem lauwarmen Bier und ˜hol' dir noch ein bisschen Petersilie.

SCHNITTLAUCH

Schnittlauch hat sich bereits mit sehr vielen Namen im Fitnessstudio angemeldet: Jakobszwiebel, Graslauch, Binsenlauch, Brislauch, Grusenich, Schnittling oder einfach Dr. Allium Schoenoprasum.

PASST ZU

Weißen Soßen, Hasenfutter, Pizzen, Salaten Auflauflauflauflauf, Quiche, Pasta, Lasagne, Gnocchi und allem, wo Tomaten dabei sind.

PASST ZU

Deftigen Speisen, Eintöpfen, Gemüse, Shishas, Salaten, Pilzen, Hasenfutter, Bongs, Bohnen, Gulasch, Space Brownies, Reggae-Musik, einem Kunststudium.

PASST ZU

Praktisch allem.

PASST ZU

Allem, wo man sonst auch Sadbois oder Schmuserbois dazugeben würde. Gegebenenfalls Schnittlauchbrot.

ERFRISCHENDE KRÄUTER

ZITRONEN MELISSE

Zitronenmelisse ist eine typische Balkonpflanze für Menschen, die einen Balkon haben. Sie wird als Heilkraut verwendet, vor allem gegen Schlaflosigkeit und Verdauungsprobleme.

Wenn du heute zu viel Salz von der Oma konsumiert hast, kannst du einen Melissentee zum Einschlafen trinken.

PASST ZU

Tee, Eistee, Heißtee, Sirupgetränken, Limonaden, Salaten, Dressings, Soßen, Süßspeisen und Cocktails.

MINZE

Wie wäre es, wenn du dein Leben erfrischend und gemütlich gestalten könntest, als wäre es immer ein sommerlicher Sonnenuntergang auf einem schönen, leeren Strand, der sich in Italien, Portugal, Spanien oder Thailand, aber mit Sicherheit nicht in Norddeutschland befindet? Genau dieses Gefühl hast du, wenn du Minze verwendest.

PASST ZU

Salaten, Soßen, Tee, Mojitos, Säften, Pesto, Kräuterbutter, Chutneys, Nachspeisen, Sirups, Limonaden, Hugos und sonstigen Mischgetränken.

BASILIKUM

Basilikum ist das inoffizielle Nationalkraut Italiens und dafür verantwortlich, dass die italienische Küche oft als "Wow, das könnte ich für den Rest meines Lebens essen" bezeichnet wird. Die gesamte Produktion wurde von der Firma "Droghe della Nonna srl." monopolisiert, die zu 80% der Oma und zu 20% Silvio Berlusconi gehört.

PASST ZU

Pasta, Pizzen, Salaten, Soßen, Quiches, Gemüse, Pesto, Hipstergetränken und Cocktails.

KORIANDER BLÄTTER

Leider gibt es Menschen, die Koriander nicht mögen. Oder ihn nicht essen können, weil er für sie wie Seife schmeckt. Diesen Menschen drücken wir heute unser Beileid aus, denn sie sind arme Seelen, die den wunderbaren Geschmack von Koriander niemals erleben werden.

PASST ZU

Guacamole, Currys, Salaten, Soßen und allem, was ein bisschen frischer schmecken könnte. Wird interessanterweise auch in Seifen verwendet.

INTENSIVE KRÄUTER

LORBEER BLÄTTER

Das sind die lästigen Blätter, die immer in deinem Teller landen und entfernt werden müssen. Lorbeerblätter sind das bevorzugte Nahrungsmittel von Lorbären, die seit der letzten Klimadoku auf Netflix eine ausschließlich vegane, blattbasierte Diät führen.

DILL

Dill ist ein dilliziöses Kraut, das nicht in der Erde, sondern nur in Honig-Senf-Soßen und Räucherlachs wächst.

Zum Glück besitzt die Oma seit 30 Jahren eine Technologie zur Dillextraktion, die es ermöglicht, Dill aus dem Fisch zu holen und separat zu verkaufen.

ROSMARIN

Rosmarin ist sehr aromatisch, geil, intensiv und passt auch gut zu Cocktails, Limonaden und allem, was mit Rosmarin besser schmecken würde (de facto ja allem). Er lässt sich trotzdem gut mit anderen Gewürzen kombinieren, denn Rosmarin ist, anders als sein Freund Thymian, nicht eifersüchtig.

THYMIAN

Thymian ist der "beste Freund" von Rosmarin. Oder vielleicht steckt doch mehr dahinter? Sie haben sich vor 3 Jahren beim Gemüse-Dating kennengelernt und sind nach zwei gelungenen Dates doch nur Freunde geblieben, denn Rosmarin war nicht bereit für eine langfristige Beziehung und wollte noch herumexperimentieren.

PASST ZU:

Eintöpfen und allem, was eine sehr lange Kochzeit benötigt.

PASST ZU

Skandinavischem Essen, Senf, Soßen, Salaten, Kartäpfeln, Sandwiches, Pesto, stark überteuerten Limonaden und noch stärker überteuerten Cocktails.

PASST ZU

Quiches, weißen und roten Soßen, Kartäpfeln, Braten, französischen und mediterranen Gerichten, Ragouts, Kräuterbutter, Eintöpfen, Gin & Tonic.

PASST ZU

Suppen, Braten, Soßen, Auflauflauflauflauf, Kartäpfel, Quiche, Limonaden, Sirups, Cocktails, Eintöpfen und allem, wo Rosmarin auch dabei ist.

NATÜRLICHE RAUSCHMITTEL

ZITRONENGRAS

Zitronengras ist eine psychoaktive und beruhigende Substanz mit leicht zitronigem, aber nicht wirklich zitronigem Geschmack. Es ist sehr erfrischend und in weiten Teilen der Welt unter den Namen „Lemon Haze" und „Citronella" bekannt. Außerdem ist es eine natürliche Mücken- und Gelsenabwehr.

SALBEI

Salbei ist nicht nur in der Küche, sondern auch als Heilpflanze besonders beliebt.

Alle Salben der Welt bestehen auf homoöpathische Weise aus Salbei.

Dadurch können auch Salben, die null Prozent Salbei enthalten, auch behaupten, dass sie aus Salbei bestehen. Das ist zwar nicht sauber, aber salbei.

BÄRLAUCH

Bärlauch ist eine bedrohte Bärenart, die zwischen März und Juni auftaucht und das restliche Jahr im Winterschlaf verbringt.

Bärlauch hat einen starken Eigengeruch, der Gärten und Parks wochenlang dominiert. Aber Achtung! Maiglöckchen sehen sehr ähnlich aus und sind hochgiftig!

KRESSE

Kresse - auch unter „Gartenkresse" bekannt - wird oft als Deko für Mayonnaisebrötchen verwendet, um den Eindruck zu erwecken, dass die Brötchen gesund sind. Das ist ein gutes Beispiel von „Greenwashing", das heutzutage nicht nur in der Gastronomie, sondern auch in der Politik und in der Wirtschaft leider sehr erfolgreich betrieben wird.

PASST ZU

Tee, Currys, Wok, Limonaden, Cocktails, Süßspeisen und allem, was mehr Erfrischung und „Chill" verlangt.

PASST ZU

Limonaden, Soßen, Gnocchi, Nudeln, Gemüsegerichten und fragwürdigen Heilmitteln aus dem Internet.

PASST ZU

Pasta, Pesto, Gnocchi, Spätzle, Salaten, Soßen, Marinaden, Dressings und frühlingshaften Gerichten.

PASST ZU

Allem, was ein bisschen grüner werden sollte, z.B. deinem Innenhof, deinem Wohnzimmer oder den Regenwäldern :-(

„ALLES, WAS DU DIR VORSTELLEN KANNST, IST SALZ"

PABLO PICASSO, FEBRUAR 1902

KAPITEL VIER

GEMÜSE-DATING

LIEBE AUF DEN ERSTEN BISS

Die Dating-Welt ist besonders hart. In Zeiten von Lieferservices, Take-away und belegten Brötchen im Supermarkt fällt es vielen Gemüsesorten immer schwerer, einen Partner oder eine Partnerin fürs Leben zu finden. Sie werden manchmal sogar weggeworfen, ohne jemals gegessen zu werden.

Klingt das traurig? Vermeidbar? Deinem eigenen Dating-Leben viel zu ähnlich? Ja. Aber du kannst es ändern. Zumindest für dein Gemüse.

Herzlich willkommen beim Gemüse-Dating: Eine neue Dating-Plattform, die dein Gemüse endlich zu festen Beziehungen, One-Night-Stands und „Wir-Sind-Nicht-Zusammen-Aber-Sehen-Uns-Jeden-Tag"-Situationen bringen wird.

In diesem Kapitel findest du heraus, welche Zutaten am besten zueinander passen, wann sie für neue Erlebnisse offen sind und wie du sie zu einer glücklichen Beziehung führen kannst.

Dazu wirst du erfahren, welche Namen und Spitznamen dein Gemüse hat, welche Hobbys es verfolgt und wie lange eine mögliche Beziehung haltbar wäre.

Und wenn du Glück hast, kannst du selbst einen oder zwei Tricks für dein eigenes Liebesleben mitnehmen.

Viel Erfolg!

DATING-TIPPS

NICHT NUR GEMÜSE

Öffne dich für neue Erlebnisse: Auch Pilze, Hülsenfrüchte, Blätter und Früchte haben deine Liebe verdient.

LIEBER KEINE FERNBEZIEHUNG

Fernbeziehungen sind mühsam, anstrengend und kompliziert, daher solltest du lieber regionale Produkte kaufen.

NICHT IMMER VERFÜGBAR

Hast du manchmal das Gefühl, dass all deine Freunde plötzlich in einer Beziehung sind? Und dann sechs Monate später nicht mehr? Das nennt man Saisonalität.

KEINE HERZEN BRECHEN

Auch "hässliches" Gemüse hat deine Liebe verdient. Einige Apps und Supermarktketten bieten verbilligtes Gemüse an, das sonst im Müll landen würde.

ZWEI BLAUE HAKEN SIND NICHT OK

Sei ein besserer Mensch. Du solltest dein Gemüse und deine Dates nicht wochenlang im Kühlschrank ignorieren, sondern ihnen viel Liebe und Aufmerksamkeit schenken.

DUSCHEN VOR JEDEM DATE

Ja, das sollte man im 21. Jahrhundert gar nicht mehr sagen müssen. Auch dein Gemüse solltest du immer vor dem Kochen waschen.

WIE EIN PROFIL AUF GEMÜSE-DATING AUSSIEHT:

Beim Gemüse-Dating ist das Alter nebensächlich. Viel wichtiger ist die Anzahl an Kalorien, die man von 100g Gemüse bekommt.

SPITZNAMEN

Egal ob Mausi, Schatzi, Schnucki, Baby oder Gunther – jede/r hat in der Beziehung einen besonderen Spitznamen. In diesem Kapitel wirst du herausfinden, welchen Namen deine Zutaten im Reisepass eingetragen haben – und wie sie von ihren Partner/innen genannt werden.

 WO DU DEIN GEMÜSE AM BESTEN LAGERN SOLLTEST

 WIE LANGE ES HALTBAR IST

 WANN ES BEI UNS IN SAISON IST

 WOHER ES URSPRÜNGLICH KOMMT

BEZIEHUNGSTIPPS

Wenn du dich richtig um dein Gemüse kümmerst, auf Paartherapie gehst und für die idealen Wohn- und Lagerbedingungen sorgst, wird dein Gemüse deutlich länger an deiner Seite bleiben.

Jede/r hat Hobbys, Vorlieben und Leidenschaften – auch dein Gemüse! Auf den nachfolgenden Seiten kannst du diese entdecken, damit dein Gemüse nur noch auf erfolgreiche Dates geht.

HOBBYS & VORLIEBEN

ONE MAHLZEIT STANDS

GEMÜSE ANSCHMUSEN

KÖSTLICHE SOßEN

WEINEN, WEIL LEBEN UND SO

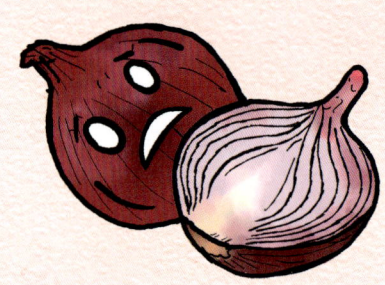

SADBOIS, 28*

ZWIEBEL, HAUSZWIEBEL

ROTE SADBOIS, 27

ROTE ZWIEBEL

 DUNKEL UND KÜHL, AM BESTEN IM NETZ & ALLEINE

 2 MONATE HALTBAR

 HAUPTSAISON VON MAI BIS OKTOBER

 URSPRÜNGLICH AUS ZENTRALASIEN

 DUNKEL UND KÜHL, AM BESTEN IM NETZ & ALLEINE

 2 MONATE HALTBAR

 HAUPTSAISON VON MAI BIS OKTOBER

 URSPRÜNGLICH AUS ZENTRALASIEN

BEZIEHUNGSTIPPS

Sadbois sind eine perfekte Verdickungsmethode für Eintöpfe und ewig gekochte Speisen. Sie schmelzen nach 1-2 Std. Kochzeit automatisch in den eigenen Tränen und führen zu einer dickeren, saftigeren und cremigeren Flüssigkeit.

BEZIEHUNGSTIPPS

Rote Sadbois sind tendenziell süßlicher als gelbe Sadbois und werden deswegen auch sehr gerne karamellisiert. Einfach eine gute Menge in Olivenöl und Zucker anbraten und ca. 1 Stunde lang bei niedriger Hitze entspannen lassen.

HOBBYS & VORLIEBEN

IN BUTTER ANBRATEN   SCHMUSERBOIS ANSCHMUSEN   EINTÖPFE VERDICKEN   TRÄNEN VERURSACHEN

HOBBYS & VORLIEBEN

IN BUTTER ANBRATEN   IN ZUCKER TAUCHEN   SALATE GEILER MACHEN   TRÄNEN VERURSACHEN

*KCAL/100 GRAMM. DAS FINDEST DU IN JEDEM PROFIL.

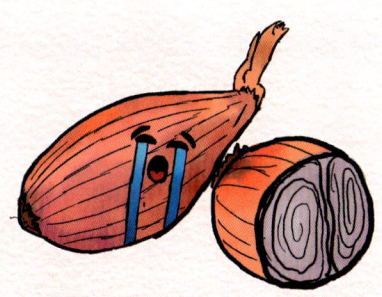

BABY SADBOIS, 25

SCHALOTTEN, ESCHALOTTEN, CHARLOTTEN

 DUNKEL UND KÜHL, AM BESTEN ALLEINE

 2 MONATE HALTBAR

 HAUPTSAISON VON MÄRZ BIS APRIL

 URSPRÜNGLICH AUS ZENTRALASIEN

BEZIEHUNGSTIPPS

Im rohen Zustand sind Baby Sadbois, im Gegensatz zu „normalen" Sadbois, viel milder und angenehmer. Sie eignen sich für Salate, Marinaden und kalte Speisen. Beim Anbraten bekommen sie einen bitteren Geschmack, daher sollte man hohe Temperaturen am besten vermeiden.

HOBBYS & VORLIEBEN

SALATE BEREICHERN

ROTWEIN TRINKEN

IN MARINADE TAUCHEN

TRÄNEN VERURSACHEN

YUNG SADBOIS, 33

JUNGZWIEBEL, FRÜHLINGSZWIEBEL,…*

 IM GEMÜSEFACH VOM KÜHLSCHRANK

 3 TAGE HALTBAR

 HAUPTSAISON VON MAI BIS AUGUST

 URSPRÜNGLICH AUS OSTASIEN

BEZIEHUNGSTIPPS

Viele Menschen werfen den weißen Teil von den Yung Sadbois weg, obwohl er nichts anderes ist, als ein kleiner Sadboi, der sich besonders gerne mitkochen lässt. Nur die Wurzeln (und eventuell die äußeren Blätter, falls deine Yung Sadbois doch eher old sind) solltest du entfernen.

HOBBYS & VORLIEBEN

ANBRATEN IN ÖL

HEIßE SUPPEN

IN SOßE TAUCHEN

PFANNEN VERFEINERN

*Winterzwiebel, Lauchzwiebel, Frühlingslauch, Zwiebelröhrl, Zwiebelröhrchen, Röhrenlauch, Schluppenzwiebel, Schlottenzwiebel, Schnittzwiebel, Ewige Zwiebel, Winterheckenzwiebel, Winterhecke, Weisse Florentiner, Grober Schnittlauch, Jakobslauch, Johannislauch, Fleischlauch, Hohllauch oder Schnattra.

SCHMUSERBOIS, 139*

KNOBLAUCH, GUNTHER, ANTI-VAMPIR

 DUNKEL UND KÜHL

 2 MONATE HALTBAR

 HAUPTSAISON IM SOMMER

 URSPRÜNGLICH AUS ZENTRALASIEN

BEZIEHUNGSTIPPS

Du kannst gepresste oder geschnittene Schmuserbois gemeinsam mit Sadbois in Olivenöl oder Butter anbraten und damit ein starkes Aphrodisiakum herstellen. Rohe Schmuserbois hingegen sind ideal für Situationen, in denen du möglichst viele Menschen küssen möchtest.

HOBBYS & VORLIEBEN

 IN OLIVENÖL BADEN

 SADBOIS ANSCHMUSEN

 VAMPIRE VERTREIBEN

 GEPRESST WERDEN

LAUCH, 61

PORREE, DEIN FREUND JONAS

 IM KÜHLSCHRANK

 2 WOCHEN HALTBAR

 HAUPTSAISON VON AUGUST BIS MÄRZ

 URSPRÜNGLICH AUS DEM MITTELMEERRAUM

BEZIEHUNGSTIPPS

Egal wie grün, knackig und sauber ein Lauch wirkt: Sie gehen nach dem „Training" nicht duschen und sind alle innerlich sehr dreckig. Deswegen solltest du sie in der Mitte (der Länge nach) schneiden und dann mehrmals mit kaltem Wasser waschen.

HOBBYS & VORLIEBEN

 BEIM SPORT SCHWITZEN

 IN SUPPEN SCHWITZEN

 UNGEDUSCHT BLEIBEN

 GEMÜSE UMARMEN

*FALLS DU ES VERPASST HAST: ES GEHT UM DIE KCAL PRO 100 GRAMM

GURKEN, 16

GURRRRRKEN, RESTE VOM GIN&TONIC

 IM KÜHLSCHRANK ODER BEI 10 GRAD CELSIUS

 3-5 TAGE IM KÜHLSCHRANK HALTBAR

 HAUPTSAISON VON JUNI BIS SEPTEMBER

 URSPRÜNGLICH AUS INDIEN

BEZIEHUNGSTIPPS

Falls du morgen nicht verkatert sein willst, aber beim Feiern keine Lust darauf hast, die ganze Zeit Wasser zu trinken, kannst du einfach Gin&Tonics mit besonders vielen Gurken bestellen - denn Gurken bestehen zu 97% aus Wasser. Praktisch, gesund und erfrischend.

HOBBYS & VORLIEBEN

SALATE FEUCHT MACHEN   GIN   TONIC   GIN & TONIC

TOMATEN, 18

PARADEISER

 BEI RAUMTEMPERATUR, ALLEINE UND UNVERPACKT

 1 BIS 2 WOCHEN HALTBAR

 HAUPTSAISON VON JULI BIS OKTOBER

 URSPRÜNGLICH AUS MITTEL- & SÜDAMERIKA

BEZIEHUNGSTIPPS

Es steht zwar oben bei den Lagertipps, aber trotzdem ist es wichtig zu betonen, dass Tomaten nicht in den Kühlschrank gehören, denn sie verlieren dort an Geschmack und werden viel schneller schlecht.

HOBBYS & VORLIEBEN

SALATE KÜSSEN   EINGEKOCHT WERDEN   SOßENPARTYS VERANSTALTEN   PASTA PREDIGEN

KNOLLENSELLERIE, 21

SELLERIE, EINFACH SELLERIE, NUR SELLERIE

 IM GEMÜSEFACH VOM KÜHLSCHRANK

 BIS ZU 2 WOCHEN HALTBAR

 HAUPTSAISON VON OKTOBER BIS MÄRZ

 URSPRÜNGLICH AUS DEM MITTELMEERRAUM

BEZIEHUNGSTIPPS

Gekochter Knollensellerie eignet sich perfekt für Suppen und Pürees. Einfach schälen, schneiden, in Brühe einkochen, Salz und Muskatnuss dazugeben und pürieren. Passt auch sehr gut zu Lachs, Räucherlachs, Wildlachs und anderen fischigen Gemüsesorten aus dem Wasser.

HOBBYS & VORLIEBEN

PÜRIERT WERDEN   HEISSE SUPPEN MACHEN   IN BRÜHE EINTAUCHEN   GESCHÄLT WERDEN

STANGENSELLERIE, 19

SELLERIE, STAUDENSELLERIE, AUCH NUR SELLERIE

 IM KÜHLSCHRANK, IN EIN TUCH GEWICKELT

 BIS ZU 2 WOCHEN HALTBAR

 HAUPTSAISON VON MAI BIS OKTOBER

 AUCH URSPRÜNGLICH AUS DEM MITTELMEERRAUM

BEZIEHUNGSTIPPS

Stangensellerie wird sehr gerne von Fitness-Influencer/innen und Yoga-Lehrer/innen roh gegessen. Da er kaum Kalorien hat, werden oft Dips (z.B. Hummus, Frischkäse) dazugegeben. Stangensellerie wird auch in Marinaden, Eintöpfen und in der französischen Küche verwendet.

HOBBYS & VORLIEBEN

IN SOSSEN SCHWIMMEN   YOGA MACHEN   GESCHMACK GEBEN   MENSCHEN RAUSEKELN

ZUCCHINI, 21

(ꈍᴗꈍ)

MELANGINEN, 17

MELANZANI, AUBERGINEN

 IM KÜHLSCHRANK. ODER DOCH WOANDERS (ꈍᴗꈍ)

 1 BIS 2 WOCHEN HALTBAR

 HAUPTSAISON VON JUNI BIS OKTOBER

 URSPRÜNGLICH AUS MITTELAMERIKA

 IM KÜHLSCHRANK

 1 WOCHE HALTBAR

 HAUPTSAISON VON AUGUST BIS OKTOBER

 URSPRÜNGLICH AUS ASIEN

BEZIEHUNGSTIPPS

Zucchini haben, wie One-Night-Stands, oft eine bittere Seite. Um das zu vermeiden, kannst du die geschnittenen Zucchini ausweinen lassen: Zuerst in Salz von der Oma eintauchen und ca. 15 Minuten rasten lassen. Danach waschen, bis sie nur noch leicht salzig sind.

BEZIEHUNGSTIPPS

Ähnlich wie du in einer Silvesternacht, haben Melanginen eine besonders starke Saug- und Saufkraft und werden jede Flüssigkeit, die mit ihnen in Kontakt kommt, sofort aufnehmen. Deswegen solltest du sie nicht mit reinem Öl anbraten, sondern auch mit Wasser.

HOBBYS & VORLIEBEN

(ꈍᴗꈍ)   (ꈍᴗꈍ)   (ꈍᴗꈍ)   (ꈍᴗꈍ)

HOBBYS & VORLIEBEN

GEBACKEN WERDEN   PASTA PREDIGEN   GOLDEN SHOWER   AUSWEINEN LASSEN

*GOLDEN SHOWER = IN OLIVENÖL BADEN

SÜßKARTOFFELN, 86*

BATATE, HIPSTERFUTTER, KNOLLENWINDE

 KÜHL UND DUNKEL, Z.B. IN DER SPEISEKAMMER

 3 MONATE HALTBAR

 HAUPTSAISON VON SEPTEMBER BIS OKTOBER

 URSPRÜNGLICH AUS MITTELAMERIKA

BEZIEHUNGSTIPPS

Falls du noch nie im Himmel warst, solltest du auf jeden Fall Süßkartoffelpommes probieren. Sie sind seit einigen Jahren bei vielen Hipster-Communities beliebt und wurden letztens vom Berliner Senat zum Grundnahrungsmittel ernannt.

HOBBYS & VORLIEBEN

SÜß SEIN   CURRY FORSCHEN   KNUSPRIG WERDEN   AUFLAUFLAUF-LAUFLAUFLAUF

BONSAI, 35

BROKKOLI

 IM GEMÜSEFACH VOM KÜHLSCHRANK

 BIS ZU 1 WOCHE HALTBAR

 HAUPTSAISON VON JULI BIS SEPTEMBER

 URSPRÜNGLICH AUS VORDERASIEN

BEZIEHUNGSTIPPS

Bonsais bevorzugen gesunde, naturbewusste und "chillige" Gerichte. Sie werden gerne als Beilage, im Auflauflauflauflauf, im Reis, als Suppe oder im Salat serviert. Bonsais mit dunkelgrünen Röschen sind besonders frisch & offen für neue Experimente.

HOBBYS & VORLIEBEN

KLIMAWANDEL STOPPEN   MAJORAN RAUCHEN   REGENWALD AUFFORSTEN   SICH SELBST RAUCHEN

*HOFFENTLICH WEIßT DU SCHON, DASS DAS DIE KALORIEN SIND (UND NICHT DAS ALTER)

MAIS, 89

KUKURUZ

 IM KÜHLSCHRANK

 2 TAGE HALTBAR

 HAUPTSAISON VON JUNI BIS SEPTEMBER

 URSPRÜNGLICH AUS MITTELAMERIKA

BEZIEHUNGSTIPPS

Wenn Maiskörner erregt sind, werden sie oft zu Popcorn. Wenn du Popcorn in der Mikrowelle zubereitest und ungeduldig zuschaust, bis die Packung größer und größer wird, schaust du dir nichts anderes als Popcorn-Porn an.
Pervers, aber knusprig.

HOBBYS & VORLIEBEN

POPCORN WERDEN   „DANACH" AUFTAUCHEN   VERSTECKEN IN ZAHNLÜCKEN   IN DOSEN CHILLEN

PAPRIKA, 23

DER PAPRIKA, DIE PAPRIKA, DAS PAPRIKA

 UNGEWASCHEN IM KÜHLSCHRANK

 2 WOCHEN HALTBAR

 HAUPTSAISON VON JULI BIS SEPTEMBER

 URSPRÜNGLICH AUS MITTELAMERIKA

BEZIEHUNGSTIPPS

Paprika sind ein bisschen wie eine Person, die auf ihrem Dating-Profil nur Fotos mit anderen Menschen hat, damit sie selbst besonders schwer erkennbar ist. Sie leiden unter einer Persönlichkeitsstörung und können sowohl süßlich (Rot und Gelb) als auch bitter und lebensmüde (Grün) sein.

HOBBYS & VORLIEBEN

ROH VERNASCHT WERDEN   IN SOßE TAUCHEN   BEFÜLLT WERDEN   HOFFENTLICH REIFER WERDEN

HASENFUTTER, 41

KAROTTEN, MÖHREN

 KÜHLSCHRANK, IN FRISCHHALTEDOSEN

 3 WOCHEN HALTBAR

 HAUPTSAISON VON JUNI BIS OKTOBER

 URSPRÜNGLICH AUS DEM MITTELMEERRAUM

BEZIEHUNGSTIPPS

Hasenfutter ist der perfekte Partysnack für kalorienbewusste Menschen. Einfach eine Schüssel davon wortlos neben die Chipstüte stellen und beobachten, wie die Menschen zugreifen. Eine Portion Hummus daneben und die Chips haben echte Konkurrenz.

HOBBYS & VORLIEBEN

HASEN FÜTTERN GERIEBEN WERDEN PARTYS CRASHEN HEISSE SUPPEN

SPARRRRRGEL, 19

SPARGEL

 KÜHLSCHRANK, IN EIN FEUCHTES TUCH GEWICKELT

 3 BIS 4 TAGE HALTBAR

 HAUPTSAISON VON APRIL BIS JUNI

 URSPRÜNGLICH AUS SÜDEUROPA UND VORDERASIEN

BEZIEHUNGSTIPPS

Du kannst die weggeschnittenen Spargelenden, die sonst im Müll gelandet wären, gleich einfrieren und später eine Brühe daraus machen. Einfach mit viel Wasser, Salz von der Oma und Olivenöl einkochen, bis die Flüssigkeit einen spargeligen Geschmack bekommt.

HOBBYS & VORLIEBEN

GOLDEN SHOWER SCHMUSERBOIS ANSCHMUSEN KARTÄPFEL UMARMEN IN SOBE TAUCHEN

SPINAT, 24

GEMÜSESPINAT, GARTENSPINAT

 KÜHLSCHRANK, MIT EINEM FEUCHTEN TUCH ABDECKEN

 3 BIS 4 TAGE HALTBAR

 HAUPTSAISON VON APRIL BIS NOVEMBER

 URSPRÜNGLICH AUS ASIEN

BEZIEHUNGSTIPPS

Der Spinat hat BWL studiert und ist unzufrieden mit seiner Karriere als Unternehmensberater. Dadurch zeigt er eine bittere Seite, die man mit einem entspannten Spa-Tag bekämpfen kann. Einfach den Spinat zuerst ins heiße und dann ins eiskalte Wasser eintauchen.

HOBBYS & VORLIEBEN

| MATROSEN STÄRKEN | FETA ANSCHMUSEN | BITTER SEIN | IM SPA ENTSPANNEN |

ERBSEN, 84

GARTENERBSEN, SPEISEERBSEN

 IM GEFRIERFACH ODER IN DER METALLDOSE

 EINE GEFÜHLTE EWIGKEIT

 ZIEMLICH IRRELEVANT

 URSPRÜNGLICH AUS VORDERASIEN

BEZIEHUNGSTIPPS

Ja, man kann Erbsen auch frisch kaufen. Oder anbauen. Trotzdem sind sie eine der Gemüsesorten (obwohl eigentlich kein Gemüse), die am besten eingefroren werden können - nämlich 200 Jahre lang in einer halboffenen Packung.

HOBBYS & VORLIEBEN

| GEFROREN WERDEN | AUFGETAUT WERDEN | GELAGERT WERDEN | VERGESSEN WERDEN |

COOL, 27

KOHL, WIRSING, WIRSINGKOHL, WIRZ

 IM GEMÜSEFACH VOM KÜHLSCHRANK

 3 BIS 4 TAGE HALTBAR

 HAUPTSAISON VON JUNI BIS OKTOBER

 URSPRÜNGLICH AUS DEM MITTELMEERRAUM

BEZIEHUNGSTIPPS

Cool will den Eindruck vermitteln, dass er lässig und beliebt ist. In Wahrheit wird er wochenlang im Kühlschrank vergessen, bis er vollkommen verdorben ist. Die Sonnenbrillen sind da, um seine geröteten Augen nach einer langen Stunde Weinen (und einem heftigen Kater) zu verstecken.

HOBBYS & VORLIEBEN

COOL SEIN WOLLEN | GOLDEN SHOWER | SACHEN UMARMEN | GEGESSEN WERDEN, BITTE

WEIßCOOL, 25

WEIßKOHL, WEIßKRAUT, KRAUT

 IM KÜHLSCHRANK, MIT EINER FRISCHHALTEFOLIE

 1 BIS 2 WOCHEN HALTBAR

 HAUPTSAISON VON AUGUST BIS NOVEMBER

 URSPRÜNGLICH AUS DEM MITTELMEERRAUM

BEZIEHUNGSTIPPS

Weißcool trägt ebenfalls eine Sonnenbrille, um seine Emotionen zu verstecken. Im Gegensatz zum „normalen" Cool wird er aber in den meisten Situationen nicht traurig oder verdorben, sondern einfach sauer. Daraus entsteht Sauerkraut.

HOBBYS & VORLIEBEN

COOL SEIN | SAUER SEIN | DOCH COOL SEIN | EIGENTLICH DOCH SAUER

ROTCOOL, 31

ROTKOHL, ROTKRAUT, BLAUKRAUT, EIGENTLICH-LILA-KRAUT

 IM KÜHLSCHRANK

 3 BIS 4 WOCHEN HALTBAR

 HAUPTSAISON VON JULI BIS NOVEMBER

 URSPRÜNGLICH AUS DEM MITTELMEERRAUM

BEZIEHUNGSTIPPS

Rotcool trägt eine Sonnenbrille, weil
er tatsächlich cool ist. Er hält deutlich
länger im Kühlschrank und kann die
menschliche Vergesslichkeit verzeihen, da
er es oft bis zur Weihnachtszeit schafft.

HOBBYS & VORLIEBEN

COOL SEIN   IN ZUCKER BADEN   WEIHNACHTEN   KNACKIGE SALATE

BLUMENCOOL, 25

KARFIOL, BLUMENKOHL

 IM KÜHLSCHRANK, IN EIN TUCH GEWICKELT

 5 BIS 10 TAGE HALTBAR

 HAUPTSAISON VON JUNI BIS OKTOBER

 URSPRÜNGLICH AUS VORDERASIEN

BEZIEHUNGSTIPPS

Blumencool glaubt ebenfalls, dass er
cool ist, denn er ist bei Menschen auf
Low-Carb-Diät sehr beliebt. Außerdem
ist er mit Bonsai sehr gut befreundet und
vermittelt die gleichen chilligen Vibes,
die man von diesen grünen Bäumen
bekommt.

HOBBYS & VORLIEBEN

COOL SEIN   LOW-CARB DIÄT SICHERN   BONSAI RAUCHEN   AUFLAUFLAUF-LAUFLAUFLAUF

KARTÄPFEL, 70

KARTOFFELN, ERDÄPFEL

KÜRBIS, 26

HALLOWEEN-LATERNE

 DUNKEL, KÜHL, ALLEINE UND EINSAM

 EINIGE MONATE HALTBAR

 HAUPTSAISON VON JUNI BIS OKTOBER

 URSPRÜNGLICH AUS SÜDAMERIKA

 KÜHL UND TROCKEN

 3 BIS 5 WOCHEN HALTBAR (ALS GANZES)

 HAUPTSAISON VON SEPTEMBER BIS HALLOWEEN

 URSPRÜNGLICH AUS MITTEL- UND SÜDAMERIKA

BEZIEHUNGSTIPPS

Wenn du deine Kartäpfel schneller fertig haben willst, solltest du sie vor dem Kochen schälen und in kleine Würfel schneiden. So werden sie auch das Salz vom Kochwasser besser aufnehmen können.

BEZIEHUNGSTIPPS

Geschälter und/oder geschnittener Kürbis kann nur sehr kurz im Kühlschrank gelagert werden - nämlich zwei Tage in einer Frischhaltebox. Und falls du es nicht schaffst, den nicht verwendeten Kürbis vor Halloween zu essen, kannst du ihn auch einfach einfrieren.

HOBBYS & VORLIEBEN

DICH WÄRMEN   KNUSPRIG WERDEN   HEILIGE GNOCCHI   AUFLAUFLAUF-LAUFLAUFLAUF

HOBBYS & VORLIEBEN

HALLOWEEN KOSTÜME   HEIßE SUPPEN   AUFLAUFLAUF-LAUFLAUFLAUF   GEFROREN WERDEN

WELCHE KARTÄPFEL SOLL ICH VERWENDEN?

FESTKOCHEND

Festkochende Kartäpfel sind ideal für Salate, Gratins, Auflauflauflaufläufe, Gröstl, Bratkartäpfel und feste Beziehungen, die länger als sechs Monate dauern und eventuell zu einer köstlichen Ehe führen werden.

SO HALB-HALB

Vorwiegend festkochende Kartäpfel sind wie moderne Beziehungsformen, die keine konkrete Zukunft haben. Dafür sind sie besonders vielfältig und können für die meisten Gerichte verwendet werden.

MEHLIG

Mehlige Kartäpfel sind wie ein betrunkener One-Night-Stand und tendieren dazu, sehr schnell zu zerfallen. Ideal für Gnocchi, Püree, Kartäpfelteig, Suppen und allem, was cremiger werden soll.

DIE BELIEBTESTEN KÜRBISARTEN

MUSKAT

Muskatkürbis schmeckt tendenziell intensiver als andere Kürbissorten. Ideal zum Anbraten, für Risotti und für Auflauflauflaufläufe.

HOKKAIDO

Hokkaidokürbis eignet sich perfekt für Suppen, Pürees und Pumpkin Pies. Die Schale ist sehr dünn und kann, wenn im Ofen gegart, mitgegessen werden.

SPAGHETTI

Spaghettikürbis ist, im Vergleich zu anderen Kürbisarten (und zu Spaghetti selbst), recht langweilig. Dafür kannst du ihn mit Käse füllen und überbacken.

BUTTERNUSS

Butternusskürbis eignet sich nicht für Suppen oder Pürees, dafür kann er gegrillt, geschmort, angebraten oder sogar roh sehr gut schmecken.

CHAMPIGNONS, 19

EGERLINGE, LSD-ERSATZ

 IM KÜHLSCHRANK

 3 BIS 4 TAGE HALTBAR

 GANZJÄHRIG GEERNTET

 URSPRÜNGLICH AUS ASIEN & EUROPA

BEZIEHUNGSTIPPS

Wenn du Champignons zum ersten Mal konsumierst, solltest du auf jeden Fall an einem sicheren Ort sein, umgeben von Pflanzen, Naturgeräuschen und Musikinstrumenten. Aber Achtung: Wenn Champignons gewaschen werden, verlieren sie ihre psychoaktive Wirkung.

HOBBYS & VORLIEBEN

 KUNST SCHAFFEN

 COMPUTER ERFINDEN

 VISIONEN HABEN

 UNGEWASCHEN BLEIBEN

PFIFFERLINGE, 21

EIERSCHWAMMERL

 IM GEMÜSEFACH VOM KÜHLSCHRANK

 2 BIS 3 TAGE HALTBAR

 HAUPTSAISON VON JUNI BIS SEPTEMBER

 URSPRÜNGLICH AUS (FAST) DER GANZEN WELT

BEZIEHUNGSTIPPS

Pfifferlinge sind hochsaisonal und deswegen die meiste Zeit einfach nicht da. Außer, wenn sie da sind. Dann sind sie überall. Auf jeder Speisekarte. In jedem Mittagsmenü. In jedem Gulasch. In jeder Soße. Aber dann, 3 Tage später, sind sie plötzlich wieder weg.

HOBBYS & VORLIEBEN

 IM WALD CHILLEN

 HEIßES GULASCH

 IN SOßE TAUCHEN

 PLÖTZLICH ÜBERALL SEIN

SONSTIGE PILZE

SHIITAKE

Shiitake kommen ursprünglich aus den Wäldern von Japan und China und werden oft in der Naturmedizin verwendet. Schmecken tun sie aber am besten angebraten.

FLIEGENPILZE

AAAAAAAAAAAAAAA
AAAAAAAAAAAAAA
AAAAAAAAAAAAA
AAAAAAAAAAAAAAA
AAAAAAAAAAAAAAAA
AAAAAAAAAAAAAAA
AAAAAAAAHHHHHHH

AUSTERNPILZE

Austernpilze sind Austern, die ihre Perlen an der Börse spekuliert haben und nach harten Verlusten das Meer verlassen mussten. Eignen sich durch den tierischen Ursprung als Fleischalternative.

STEINPILZE

Steinpilze sind keine Steine und können daher nicht ins Glashaus geworfen werden.

Man sollte sie nur bei sehr starker Verschmutzung waschen, sonst einfach schälen oder mit einem Tuch ausputzen.

KRÄUTERSEITLINGE

Kräuterseitlinge sind eine schmackhafte Pilzsorte, die mittlerweile in sehr vielen Fleischersatzprodukten enthalten ist. Sie sind oft sauberer als andere Pilzsorten und können sehr gut gegrillt oder in Olivenöl gebraten werden.

TRÜFFEL

Trüffel sind Pilze, die auch an der Börse spekuliert haben und alle Perlen von den Austernpilzen erbeuten konnten. Sie sind normalerweise sehr teuer und schmecken so intensiv wie die Zerstörung des Finanzmarktes bei der nächsten Krise.

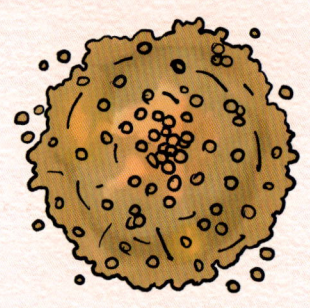

KICHERERBSEN, 364

KICHER, RÖMISCHE KICHER, VENUSKICHER, FELDERBSE

 VERSCHLOSSEN/VERPACKT, KÜHL UND DUNKEL

 EINIGE JAHRE HALTBAR

 ZIEMLICH IRRELEVANT

 URSPRÜNGLICH AUS ASIEN

LINSEN, 330

OBJEKTIVE, MIKROSKOPE, BRILLEN

 VERSCHLOSSEN/VERPACKT, KÜHL UND DUNKEL

 EINIGE JAHRE HALTBAR

 AUCH IRRELEVANT

 URSPRÜNGLICH AUS VORDERASIEN

BEZIEHUNGSTIPPS

Hast du gewusst, dass sowohl Falafel als auch Hummus aus Kichererbsen erzeugt werden? Das heißt, dass Falafel mit Hummus nichts anderes ist als die letzte Evolutionsstufe von Kichererbsen. Danke, Darwin!

BEZIEHUNGSTIPPS

Auch Familienbeziehungen müssen gepflegt werden. Die Mutter vom Autor hat ihn dazu gezwungen, eines ihrer Rezepte in diesem Buch zu veröffentlichen - nämlich einen Linsenreis, den du im Kapitel 8 (Reis) findest.

HOBBYS & VORLIEBEN

HUMMUS WERDEN

CURRY FORSCHUNG

IN DER DOSE SCHLAFEN

FALAFELIG SEIN

HOBBYS & VORLIEBEN

BIER TRINKEN

SILVESTER FEIERN

IN DER DOSE CHILLEN

HEISSE EINTÖPFE

SONSTIGE BOHNEN

GRÜNE BOHNEN, 31

FISOLEN, BOHNEN

 IM OBEREN BEREICH VOM KÜHLSCHRANK

 2 BIS 3 TAGE HALTBAR

 HAUPTSAISON VON JUNI BIS SEPTEMBER

 URSPRÜNGLICH AUS MITTEL- UND SÜDAMERIKA

BEZIEHUNGSTIPPS

Grüne Bohnen sind eines dieser Lebensmittel, die man niemals aus der Dose essen sollte. Frische Bohnen sind knackig, geschmackig und gesund. Dosenbohnen hingegen wirken wie eine billige Kopie, die man auf Wish bestellt hat.

HOBBYS & VORLIEBEN

UMARMT WERDEN | DAMPF SAUNA | IN DER DOSE GEFANGEN SEIN | BEILAGE WERDEN

WEISSE

Weiße Bohnen sind perfekt für Menschen, die ihre Gasrechnung nicht bezahlt haben und ihre Wohnung dringend heizen müssen. Wird von der russischen Regierung verwendet, um ihre Pipelines zu versorgen.

PINTO

Pintobohnen sind in der südamerikanischen Küche sehr beliebt und sind perfekt für Bohneneintöpfe. Sie sind auch eine gute Alternative fürs Chili, falls du keine roten Bohnen hast.

KÄFER

Käferbohnen - auch unter "Feuerbohnen" oder "Wollbohnen" bekannt - sind sehr beliebt in der österreichischen (insbesondere der steirischen) Küche und werden dort oft in Salaten mit ein bisschen zu viel Kürbiskernöl serviert.

ROTE

Die beliebste Bohnensorte bei Chilis. Passt auch gut zu Burritos, Tacos, einer vergesslichen Nacht mit acht Tequila-Shots und allem, was mit der mexikanischen Küche zu tun hat.

DATINGKALENDER

JAN
SELLERIE · LAUCH

FEB
SELLERIE · LAUCH

MÄR
BABY SADBOIS · SELLERIE · LAUCH

APR
BABY SADBOIS · SPARRRRRGEL · SPINAT

MAI
SADBOIS · YUNG SADBOIS · STANGENSELLERIE · SPARRRRRGEL · SPINAT

JUN
SADBOIS · YUNG SADBOIS · SCHMUSERBOIS · GURKEN · SPARRRRRGEL · SPINAT · COOL · BLUMENCOOL
STANGENSELLERIE · ZUCCHINI · MAIS · HASENFUTTER · PFIFFERLINGE · BOHNEN

JUL
SADBOIS · YUNG SADBOIS · SCHMUSERBOIS · GURKEN · MAIS · PAPRIKA · HASENFUTTER · SPINAT
TOMATEN · STANGENSELLERIE · ZUCCHINI · BONSAI · COOL · ROTCOOL · BLUMENCOOL · KARTÄPFEL

PFIFFERLINGE · BOHNEN

AUG

SADBOIS — YUNG SADBOIS — SCHMUSERBOIS — LAUCH — MELANGINEN — BONSAI — MAIS — PAPRIKA

GURKEN — TOMATEN — STANGENSELLERIE — ZUCCHINI — HASENFUTTER — SPINAT — COOL — WEIBCOOL

ROTCOOL — BLUMENCOOL — KARTÄPFEL — PFIFFERLINGE — BOHNEN

SEP

SADBOIS — LAUCH — GURKEN — TOMATEN — MAIS — PAPRIKA — HASENFUTTER — SPINAT

STANGENSELLERIE — ZUCCHINI — MELANGINEN — BONSAI — COOL — WEIBCOOL — ROTCOOL — BLUMENCOOL

KARTÄPFEL — KÜRBIS — PFIFFERLINGE — BOHNEN — SÜBKARTOFFELN

OKT

SADBOIS — LAUCH — TOMATEN — SELLERIE — SPINAT — COOL — WEIBCOOL — ROTCOOL

STANGENSELLERIE — ZUCCHINI — MELANGINEN — HASENFUTTER — BLUMENCOOL — KARTÄPFEL — KÜRBIS — SÜBKARTOFFELN

NOV

LAUCH — SELLERIE — SPINAT — WEIBCOOL — ROTCOOL

DEZ

SELLERIE — LAUCH

„IST UNSERE MOTIVATION VERZWEIFELT UND HUNGRIG, KÖNNEN WIR ALLES VOLLBRINGEN"

DALAI LAMA, AUGUST 1989

KAPITEL FÜNF
SALATE

EINE ALTE TRADITION

Salate sind wohl die ältesten Mahlzeiten der Welt. Bereits die Dinosaurier haben Salat gegessen. Aber sie wussten nicht, wie man einen richtig guten Salat zubereitet. Deswegen sind sie nicht mehr unter uns.

Auch die Neandertaler haben Salat gegessen, aber viel zu selten. Deswegen sind sie auch nicht mehr unter uns.

Die Römer hingegen haben den Caesar Salad erfunden und konnten sich dadurch als Weltmacht etablieren. Aber irgendwann wollten sie nicht mehr jeden Tag denselben Salat essen. Deswegen sind sie... ja, das weißt du schon.

Der Punkt ist: Wenn du keinen guten Salat zubereiten kannst, wirst du wohl aussterben. Auch nur einen einzigen Salat zu können wird dich nicht retten. Aber mach dir keine Sorgen. In diesem Kapitel wirst du lernen, wie du über 472.094.334.538.740.000.000 verschiedene Salatvariationen (ja, alles nachgerechnet) zubereiten kannst.

Selbst, wenn jeder der 7,9 Milliarden Menschen auf der Erde täglich einen anderen, einzigartigen Salat aus diesem Kapitel zubereitet, würde es über 163 Millionen Jahre dauern, bis die Liste ausgeschöpft ist.

Und falls du nicht rechnen kannst oder dich einfach nicht kreativ genug fühlst, gibt es auch einige Ideen und Rezepte am Ende des Kapitels. Mahlzeit!

WORAUS EIN SALAT BESTEHEN SOLL

1. BASIS

2. TOPPINGS

3. DRESSING

Die Basis deines Salats besteht grundsätzlich aus dem, was im Namen steht. Zum Beispiel: Ein Gurkensalat hat Gurken als Basis. Ein Süßkartoffelsalat hat eben Süßkartoffeln. Und beim Chefsalat wird der Chef, der einen Hang zum Kannibalismus hat, persönlich serviert.

Eine wichtige Ausnahme zu dieser Namengebungsregel sind Nudelsalate, denn wir wissen, dass sie in der Regel zu 86% aus Mayonnaise bestehen.

Toppings sind Zutaten, die deinen Salat interessanter und abwechslungsreicher machen. Das sind zum Beispiel Nüsse, Früchte, gebratenes Gemüse, Käse oder Sachen, die du seit 2 Wochen, Monaten oder Jahren im Kühlschrank hast und endlich verwenden musst.

Toppings können aber auch deinen Erfolg in der Dating- und Berufswelt erhöhen und gleichzeitig von deinem banalen und uninteressanten Leben ablenken. Zu diesen Toppings zählen ausgefallene Hobbys, seltene Fremdsprachen und radikale Sportarten.

Als Dressing bezeichnet man eine Flüssigkeit, die dein Leben oder deinen Salat erträglicher macht.

Im Fall vom Salat können Dressings aus Öl, Essig, Saft, Wein, Joghurt oder Sahne bestehen. In deinem Leben hingegen geht es meistens um Bier, Wein, Vodka, Gin, Rum, Schnaps, Mate oder Kaffee.

Dazu kommen Kräuter und Gewürze aus Omas Labor, die diese Flüssigkeiten zur vollen Entfaltung bringen.

SALATIGE TIPPS

BEIM EINKAUF

Kaufe lieber das, was frischer und knackiger aussieht. Braune Flecken und lose Blätter sind kein gutes Zeichen. Außerdem solltest du Salatblätter nur dann kaufen, wenn du sie tatsächlich bald essen willst, denn sie können nicht lange gelagert werden.

LAGERUNG

Grundsätzlich werden Salatblätter im Kühlschrank gelagert. Ungewaschen & ungeschnitten sollten sie in ein feuchtes Tuch mit Wasser und ein bisschen Essig gewickelt werden. Gewaschen und geschnitten lagert man sie in einem verschlossenen Behälter.

KNACKIG MACHEN

Du kannst Salatblätter wieder knackig machen, indem du sie mit kaltem Wasser besprühst oder ganz kurz in Eiswasser legst. Aber wirklich kurz, als hättest du die Dusche gerade aufgedreht und bist nass geworden, bevor es wirklich warm war. Brrrr.

SALAT WASCHEN

1. ZERLEGEN

Zuerst solltest du den Salat zerlegen, denn der Dreck – wie im Leben eines Politikers – steckt ganz tief. Gerne kannst du aber auch den Salat heimlich filmen und alle Geheimnisse vor einer Wahl leaken.

2. WASCHEN

Nachdem die Blätter zerlegt sind, kannst du ihren äußerst korrupten Lebensstil reinigen, indem du sie in kaltes Wasser legst und mehrmals wendest. Vorgang wiederholen, bis der Salat vom Amt zurücktritt.

3. TROCKNEN

Der Salat wird versuchen, aus den letzten Tropfen seiner Karriere eine neue Partei zu gründen und wieder durchzustarten. Das kannst du mit einem Nudelsieb oder einer Salatschleuder verhindern.

1. BASIS

BLATTIG

Blattige Salate sind nicht nur für fitnessbewusste Menschen eine gängige Wahl, sondern auch für Kühe, Schafe, Giraffen und sonstige Tiere, die sehr fleißig an ihrer Sommerfigur arbeiten.

Manchmal werden Blattsalate mit kräftigen Mayo-Dressings geraucht oder einfach als Deko in 1850-Kalorien-Sandwiches verwendet.

GEMÜSIG

Gemüsige Salate sind tendenziell vielfältiger, feuchter und praktischer als blattige Salate.

Hier hast du kaum das Problem, dass die Salatblätter zu groß für deinen Mund sind, oder dass dein T-Shirt durch das tröpfelnde Dressing schon wieder ruiniert wird.

KOHLENHYDRATIG

Kohlenhydratige Salate sind die perfekte Speise für Menschen, die wohl alles, was ein bisschen Gemüse drinnen oder dabei hat, „Salat" nennen.

Aber Achtung: Reine Nudeln mit Mayo sind vielleicht Penne mit Kaloriensoße, aber kein Salat. Wenn du einen halben Sadboi dazugibst, sieht es dann ganz anders aus.

NICHT JEDER SALAT MUSS ROH SEIN

Gemüsige Zutaten wie Cool, Melanginen, Spargel und Bonsai sollten davor noch gebraten bzw. gekocht werden. Zucchini, Paprika, Sadbois und Rote Bete hingegen können sowohl roh als auch gekocht/gebraten in den Salat kommen, je nachdem, welche Knackigkeit und welchen Geschmack du damit erreichen möchtest.

Kohlenhydratige Zutaten müssen allerdings immer gegart werden.

BLATTIGE BASIS

KOPFSALAT

Wie die Backstreet Boys: Früher sehr beliebt, heute in Vergessenheit geraten.

EISBERGSALAT

Knackig & erfrischend. Zerstört ab und zu „unzerstörbare" Schiffe.

FELDSALAT

Wenn dein Leben schon zu bitter ist & du beim Salat Abwechslung brauchst.

RUCOLA

Wenn dein Leben schon zu bitter ist & du beim Salat genauso weitermachst.

RADICCHIO

Sehr bitter, weil er beim Gemüse-Dating nicht erfolgreich war.

SPINAT

Sehr beliebt bei muskulösen Matrosen, die Crossfit machen.

CHINACOOL

Nach einem 3-monatigen China-Urlaub findet sich der Cool noch kohler.

CHICORÉE

Kann sowohl roh als auch gebraten zubereitet werden.

ENDIVIE

Ein kleines, vierbeiniges Pokémon (Nummer #152) mit dem Typ "Pflanze".

RÖMERSALAT

Der perfekte Salat, wenn du dein eigenes Reich aufbauen möchtest.

FRISÉE

Sehr beliebt als Garnitur für kalte Vorspeisen und als Ersatz für Perücken.

BATAVIA

Schmeckt ähnlich wie ein Eisbergsalat, ist aber bei Seefahrern weniger gefürchtet.

GEMÜSIGE BASIS

GURKEN

Sorgen für
Erfrischung und
schöne Erinnerungen
vom gestrigen
Gin&Tonic.

TOMATEN

Machen jeden
Salat feuchter,
freundlicher und auch
schmackhafter.

PAPRIKA

Kann den Salat
retten oder ruinieren,
je nachdem, welche
Farbe du verwendest.

ZUCCHINI

(͡° ͜ʖ ͡°)

MELANGINE

Gebratene
Melanginen machen
jeden Salat zu einem
Aphrodisiakum.

HASENFUTTER

Nicht nur zu Ostern
ist Hasenfutter eine
gute Wahl.

SADBOIS

Bitte immer
dazugeben, ansonsten
werden sie noch
trauriger.

COOL

Cool, Blumencool,
Weißcool & Rotcool
machen den Salat,
ähm, knackiger.

ROTE BETE

Wenn du für eine
kommunistische
Revolution beten
willst.

BONSAI

Damit wirkt jeder
Salat gesünder,
entspannter und
naturbewusster.

RADIESCHEN

Knackig, scharf und
erfrischend. Werden
böse, wenn sie nicht
verwendet werden.

SPARRRRGEL

Gebratener Spargel
ist die perfekte
Basis für jeden
Sommersalat.

KOHLENHYDRATIGE BASIS

KARTÄPFEL

Die beliebteste Basis für kohlenhydratige Salate. Geht mit, ohne oder mit viel Mayo.

SÜßKARTOFFELN

Klingen gesünder als „echte" Kartäpfel. Besonders beliebt bei Hipstern.

KICHERERBSEN

Wie Hummus, nur nicht püriert und mit weniger Olivenöl.

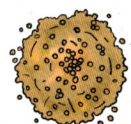

LINSEN

Pass auf, dass dir die Linsen nur aus der Dose und nicht aus dem Auge fallen.

COUSCOUS

Couscouscouscous couscouscouscouscous couscouscouscouscous couscouscous.

BULGUR

Auch bekannt unter „das weiß-gelbe Ding im Tabouleh-Salat". Mild & sättigend.

KÜRBIS

Perfekt im Oktober – dem Monat, in dem sich alle Menschen nur von Kürbis ernähren.

BOHNEN

Kidneybohnen, grüne Bohnen, Käferbohnen... Du hast hier die Wahl.

NUDELN

Gestern zu viel Penne gekocht? Kein Ding! Heute sind sie ein Salat.

REIS

Gestern zu viel Reis gekocht? Kein Ding! Heute ist er ein Salat.

GNOCCHI

Gestern zu viel Gnocchi gekocht? Kein Ding! Heute... Ja, das weißt du schon.

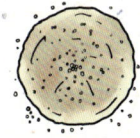

HIPSTERZEUG

Quinoa, Buchweizen, Hirse und all diese Sachen, die plötzlich überall zu finden sind.

2. TOPPINGS

Du kannst so viele Toppings zu deinem Salat hinzufügen, wie es Planeten im Universum gibt. Während die Venus sehr sauer schmeckt, dürfte Jupiter einen milden, wässrigen Geschmack haben.

Wir wissen aber nicht, wie die Planeten in anderen Galaxien schmecken. Vielleicht gibt es Schoko-Planeten. Oder Vanilleeis-Planeten. Oder, falls die Wissenschaft alles falsch eingeschätzt hat und die Erde doch eine Scheibe ist, vielleicht auch Pizza-Planeten.

Aber wenn die Erde eine Pizza ist, wäre auch Ananas drauf. Mist.

MÖGLICHE TOPPINGS

PILZE

Einfach in Olivenöl und Salz von der Oma anbraten.

AVOKATJA

Gestern hart. Heute weich und saftig. Morgen verdorben.

BROTWÜRFEL

Wenn du altes Brot zuhause hast und es nicht wegwerfen willst.

EIER

Ideal für Salate, die mehr Protein brauchen.

TOFU

Für alle, denen es an Selbstliebe mangelt.

PARMESAN

Bringt einen italienischen Touch zu deinem Salat.

FETA

Perfekt für frische und sommerliche Salate.

MOZZARELLA

Wenn du das Gefühl hast, dass es im Leben zu wenig Käse gibt.

MELONIA T.

Wäre lieber in deinem Salat, als zurück im Weißen Haus.

ÄPFEL

Ärztinnen und Ärzte haben bis heute Angst davor.

BEEREN

Machen deinen Salat gleichzeitig süß, sauer und knackig.

MANGO

Perfekt für sommerliche Salate. Oder Obstsalate.

KÜRBISKERNE

Machen den Salat noch knackiger.

VOGELFUTTER

Auch bekannt unter „Sonnenblumenkerne".

PINIENKERNE

Nicht viel besser als Vogelfutter, aber viel teurer.

HASELNÜSSE

Wie Nutella, aber knackiger und frei von Palmöl.

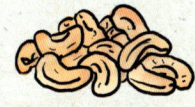

CASHEWWWW

Paarungsruf bei Hunden und Wölfen. Cashewwwwwww!

WALNÜSSE

Falls du keine Pekannüsse hast, sind Walnüsse ein Ersatz.

MANDELN

Geschnitten, geschält, gerieben, ganz... Alles, außer Marzipan.

PEKANNÜSSE

Falls du keine Walnüsse hast, sind Pekannüsse ein Ersatz.

SESAM

Macht deinen Salat zu einer erfolgreichen Fernsehserie.

GRANATÄPFEL

Werden von der Göttin Persephone in jedem Salat gegessen.

CHIA

Sehr beliebt bei Hipstern und Instagram-Mamis.

LEINSAMEN

Leinsam und alleine durch die salatige Welt.

3. DRESSING TO IMPRESSING

Hast du gewusst, dass der Körper einige Salatblätter erst gut verdauen kann, wenn auch Öl dabei ist? Viele Pflanzenstoffe, die im Salat zu finden sind, sind nicht in Wasser löslich, sondern nur in Fett. Das bedeutet, dass Salate mit Fett eigentlich *gesünder* sind, als Salate ohne Fett! Nicht, dass du ohne diese Information weniger Fett dazugegeben hättest, aber trotzdem gut zu wissen.

DRESSING-BAUSTEINE:

FLÜSSIGES

Am besten kombinierst du etwas Fettiges, etwas Saures, etwas Süßes und etwas Mildes.

WÜRZIGES

Frische und getrocknete Gewürze, direkt aus Omas Labor. Auf das Salz von der Oma solltest du auf keinen Fall vergessen, sonst wird sie sehr böse.

KRAUTIGES

Am besten immer frische Kräuter verwenden, außer du hast gerade keine. Dann gefrorene Kräuter. Außer... du hast keine. Dann getrocknete Kräuter. Außer...

WASSER NICHT VERGESSEN!

Damit dein Dressing nicht zu sauer, scharf, radioaktiv oder intensiv schmeckt, solltest du ein bisschen Wasser dazugeben. So wird es milder, angenehmer und im Salat besser verteilt. Falls du eine Wasserallergie hast, kannst du stattdessen Weißwein oder Sekt verwenden.

WANN KOMMT DAS DRESSING?

Bei blattigen Salaten solltest du das Dressing erst zum Schluss zu den Blättern geben, denn sie werden sehr schnell weich und verlieren an „Knackigkeit". Bei gemüsigen bzw. kohlenhydratigen Salaten hingegen sollte das Dressing eher früher zum Einsatz kommen.

FLÜSSIGE MÖGLICHKEITEN

OLIVENÖL

Am liebsten unerhitzt.

KÜRBISKERNÖL

Bringt mehr Farbe & Geschmack.

NEUTRALES ÖL

Sonnenblumenöl, Rapsöl, etc.

BALSAMICO

Macht dein Dressing kräftig und süß-sauer.

ESSIG

Damit kannst du die Abflussrohre reinigen.

SESAMÖL

Passt gut zu asiatischen Dressings.

WEIN/SEKT

Alkoholisierte Salate sind glücklicher.

CREMIGES

Obers/Sahne, Creme Fraîche oder Frischkäse.

FRUCHTIGES

Marmeladen, Gelees oder Konfitüren.

HONIG

Solange es noch Bienen gibt. :'(

SENF

Am besten Estragon- oder Dijonsenf.

JOGHURT

Perfekt für Kräuterdressings.

SAFTIGES

Apfelsaft, Traubensaft, etc.

GEPRESSTES

Frisch gepresste Orangen/Mandarinen.

ZITRONENSAFT

Nicht nur das Leben darf sauer sein.

WASSER

Macht das Dressing milder & angenehmer.

LINSENSALAT

ERFRISCHEND, SCHMACKHAFT UND SÄTTIGEND

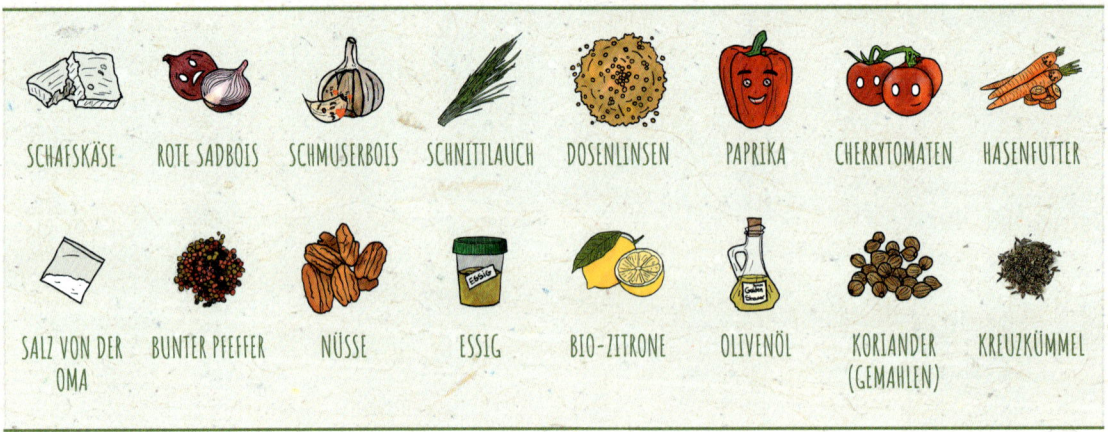

SCHAFSKÄSE   ROTE SADBOIS   SCHMUSERBOIS   SCHNITTLAUCH   DOSENLINSEN   PAPRIKA   CHERRYTOMATEN   HASENFUTTER

SALZ VON DER OMA   BUNTER PFEFFER   NÜSSE   ESSIG   BIO-ZITRONE   OLIVENÖL   KORIANDER (GEMAHLEN)   KREUZKÜMMEL

1. SCHNEIDEN

Sadbois, Schnittlauch und Schmuserbois sehr klein schneiden.

Paprika, Nüsse und Tomaten klein schneiden.

Zitrone "entzesten" & anschließend halbieren.

2. ANBRATEN

Sadbois, Schmuserbois und Schnittlauch in Olivenöl ca. 5 Minuten lang anbraten.

Danach Linsen, Pfeffer, Kreuzkümmel, Koriander und Salz von der Oma hinzufügen.

3. MISCHEN

Angebratenes mit den Paprika-, Tomaten- und Nussstücken, Olivenöl, Essig und Zitronenzesten mischen. Hasenfutter reiben, hinzufügen und mischen.

Kosten und evtl. Salz von der Oma dazugeben.

4. ANRICHTEN

Mischung in eine Schüssel geben. Schafskäse mit der Hand "auslösen" und darüberstreuen.

Zum Schluss Zitronensaft darüber träufeln und mit Kräutern dekorieren. Am besten noch lauwarm servieren. Mahlzeit!

SOMMERSALAT

DANK KLIMAWANDEL
WIRD ER BALD EIN
GANZJAHRESSALAT

| PAPRIKA (GELB) | GURKE | CHERRYTOMATEN | AVOKATJA | MANGO | SALAT | CASHEWWWWW | OLIVENÖL |
| DIJON-SENF | HONIG | WEIßWEIN | SALZ VON DER OMA | KREUZKÜMMEL | SPARRRRRGEL | SCHMUSERBOIS | CHILIFLOCKEN |

1. SCHNEIDEN

Mango schälen. Paprika, Gurke, Tomaten, Avokatja und Mango klein schneiden.

Spargelenden entfernen und für eine zukünftige Spargelbrühe einfrieren. Spargel klein schneiden.

Schmuserbois pressen.

2. SPARGELN

Olivenöl in einer Pfanne erhitzen und Schmuserbois kurz anbraten. Spargel nach einer halben Minute hinzufügen.

Anbraten, bis der Spargel weich (aber trotzdem knackig) wird. Danach abkühlen lassen.

3. MISCHEN

Geschnittene Zutaten, Cashewwwwwww, Salatblätter und Spargel mischen.

Senf, Olivenöl, Honig, Weißwein, Salz von der Oma und Kreuzkümmel hinzufügen. Mischen, probieren und nachwürzen.

4. ANRICHTEN

Mischung in eine Schüssel geben. Chiliflocken darüberstreuen. Mahlzeit!

ZUCCHINI-TABOULEH

WIE EIN TABOULEH, ABER KNACKIGER UND ERFRISCHENDER

ZUCCHINI	HASENFUTTER	CHERRYTOMATEN	AVOKATJA	ROTE SADBOIS	ZITRONE	PETERSILIE	OLIVENÖL

WALNÜSSE	PEKANNÜSSE	BULGUR	SALZ VON DER OMA

1. EINWEICHEN

Bulgur mit fließendem Wasser in einem Sieb waschen.

Bulgur in einen Topf oder eine Badewanne mit kochendem Salzwasser geben. Abdecken und 15-20 Minuten lang entspannen lassen. Danach mit dem Sieb abtropfen lassen.

2. SCHNEIDEN

Zucchini, Hasenfutter, Tomaten, Avokatja und Nüsse klein schneiden.

Sadbois und Petersilie sehr klein schneiden.

Zitrone halbieren oder vierteln.

3. AUSWEINEN

Zucchini und Hasenfutter stark einsalzen (und zwar wirklich, wirklich stark) und 15 Minuten lang ausweinen lassen. Danach mit kaltem Wasser abspülen, bis sie nur noch leicht salzig sind.

4. MISCHEN

Alle Zutaten mischen. Zitronensaft und Olivenöl darüber träufeln. Eventuell mehr Salz von der Oma hinzufügen, wobei das Dank Schritt 3 (Ausweinen) normalerweise nicht notwendig ist. Mahlzeit!

FETA-SALAT

| ROTER SADBOI | PAPRIKA | GURKE | CHERRYTOMATEN | ÄPFEL | FETA | FELDSALAT | HONIG |

| PEKANNÜSSE | VOGELFUTTER | PETERSILIE | KORIANDER BLÄTTER | KORIANDER (GEMAHLEN) | SALZ VON DER OMA | PFEFFER | KÜRBISKERNÖL |

| ESSIG | OLIVENÖL | CHILIFLOCKEN | DIJON-SENF |

1. SCHNEIDEN

Sadboi, Paprika, Gurrrrke, Tomaten, Koriander, Petersilie und Nüsse sehr klein schneiden.

Äpfel reiben.

2. DRESSING

Kürbiskernöl, Essig, Olivenöl, Senf, Honig, Salz von der Oma, Pfeffer, gemahlenen Koriander und Chiliflocken mischen.

3. MISCHEN

Feta mit der Hand darüberstreuen. Alle Zutaten mischen.

4. NACHWÜRZEN

Probieren. Nachwürzen. Probieren. Nachwürzen. Wiederholen, bis du keinen Hunger mehr hast.

NUDELSALAT

EIN LEICHT DEFTIGER
SALAT FÜR ALLE, DIE
SALAT NICHT MÖGEN

NUDELN	SADBOIS	CHAMPIGNONS	SCHMUSERBOIS	LAUCH	GETROCKNETE TOMATEN	PAPRIKA	MAYO
CHERRYTOMATEN	HASENFUTTER	ÄPFEL	FELDSALAT	PETERSILIE	SALZ VON DER OMA	KREUZKÜMMEL	OLIVENÖL

1. VORBEREITEN

Sadbois, Champignons, Lauch, Paprika, Tomaten, Petersilie und getrocknete Tomaten klein schneiden.

Äpfel und Hasenfutter reiben.

Nudeln in Salzwasser kochen.

2. ANBRATEN

Schmuserbois pressen und in Olivenöl goldbraun anbraten

Sadbois, Lauch, Champignons, Paprika und getrocknete Tomaten hinzufügen und anbraten.

Angebratene Mischung abkühlen lassen.

3. MISCHEN

Abgetropfte Nudeln mit den angebratenen Zutaten mischen.

Sobald die Nudelmischung abgekühlt ist, Hasenfutter, Apfel, Feldsalat und Cherrytomaten hinzufügen.

4. DRESSEN

Mayo, Salz von der Oma, Petersilie, Kreuzkümmel und ggf. sonstige Gewürze hinzufügen.

Gut durchmischen und im Kühlschrank rasten lassen – oder gleich lauwarm servieren.

SÜßKARTOFFELSALAT

IN WAHRHEIT GEBRATENE
SÜßKARTOFFELN & EIN
BISSCHEN SALAT

SÜßKARTOFFELN	OLIVENÖL	SCHMUSERBOIS	GEMÜSEBRÜHE	SALZ VON DER OMA	ROSMARIN (FRISCH)	ZUCKER	CASHEWWWW

FELDSALAT	PAPRIKA	VOGELFUTTER	PEKANNÜSSE	HONIG	SENF	KÜRBISKERNÖL

1. VORBEREITEN

Süßkartoffeln schälen und in mittelgroße Würfel schneiden.

Cashewwwww und Pekannüsse halbieren.

Schmuserbois schälen und pressen.

Paprika klein schneiden.

2. ANBRATEN

Süßkartoffeln, Schmuserbois, Cashewwww und Pekannüsse in Olivenöl, Salz und Zucker karamellisieren.

Rosmarin (ganz) und Brühe hinzufügen und mit Deckel kochen lassen, bis die Brühe völlig aufgesaugt wurde.

3. MISCHEN

Paprika mit den Salatblättern, Honig, Senf, Vogelfutter und Kürbiskernöl mischen.

4. ANRICHTEN

Salatblätter-Paprika-Mischung in eine Schüssel geben.

Mischung aus Schritt 2 (noch warm) darüber geben. Rosmarin entfernen.

Mahlzeit!

„ET TU, OMA?"

– JULIUS CAESAR, 44 V. CHR.

KAPITEL SECHS
SUPPEN

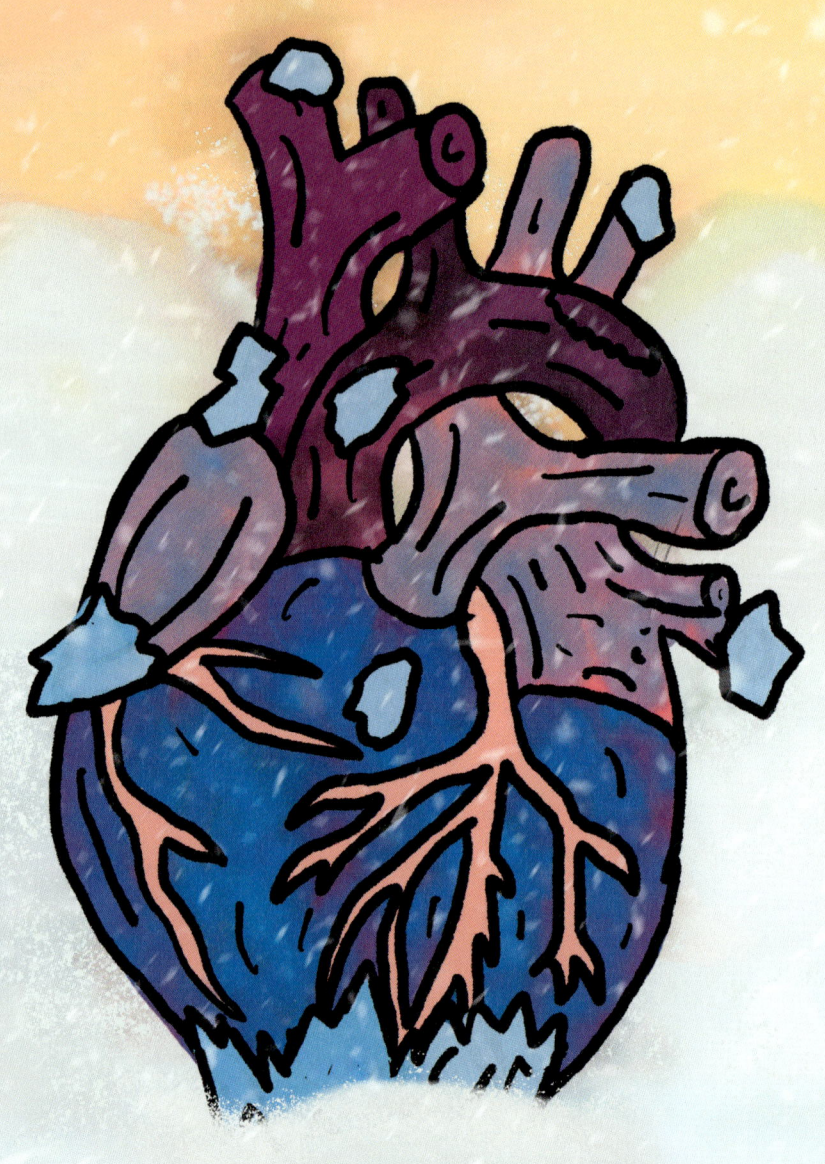

WÄRMEN SOGAR DAS
HERZ DEINER/DEINES EX

Was ist die tiefste Temperatur, die jemals gemessen wurde?

In Deutschland waren das minus 37,8 Grad Celsius, die 1929 als Anzeichen für die wirtschaftliche Kälte und den bevorstehenden Börsencrash gedient haben.

Drei Jahre später war es in Österreich um einiges kälter, nämlich minus 52,6 Grad Celsius, die am 19. Februar 1932 aufgezeichnet wurden und den Beginn des Austrofaschismus vorhersagten.

Das ist aber kein Vergleich zum kältesten Objekt im gesamten Universum: Das Herz deiner/deines Ex. Es hat eine unglaublich tiefe Temperatur von minus 273,05 Grad Celsius. Und es wird jeden Tag ein bisschen kälter.

In diesem Kapitel wirst du lernen, wie man köstliche Suppen und Eintöpfe zubereitet, die sogar die kaltblütigste Person ein bisschen wärmer und menschlicher machen können.

Viel Erfolg!

DIE WELT BRAUCHT DICH!

Das Herz deines/deiner Ex ist bereits so kalt, dass es innerhalb der nächsten Tage den absoluten Nullpunkt erreichen könnte. Sollte das tatsächlich passieren, werden alle Gesetze der Physik ihre Gültigkeit verlieren und das Universum wird in sich zusammenbrechen, weil man durch null nicht dividieren kann.

Um uns alle vor der Apokalypse zu bewahren, haben sich die hellsten Köpfe der Wissenschaft zusammengetan und ein Team aus verschiedenen Gemüsesorten mit besonderen Fähigkeiten gebildet: Die Suppe-Helden.

Diese haben sich bereit erklärt, im Rahmen einer Kamikaze-Mission gekocht zu werden, um gemeinsam eine Suppe zu bilden, die so kräftig ist, dass sie sogar das Herz deiner/deines Ex wärmen könnte.

Dafür brauchen die Suppe-Helden aber deine Hilfe. Die Suppe wird nur wirken, wenn sie von DIR zubereitet und verabreicht wird! Es ist also Zeit, deine/n Ex wieder anzuschreiben.

Die Zukunft der Menschheit hängt von dir ab!

WOZU KANNST DU SUPPEN VERWENDEN?

VORSPEISE

Vorspeisesuppen sind romantische Gesten und signalisieren, dass du heute Abend mit einer bestimmten Person etwas ganz Heißes vor hast.

HAUPTSPEISE

Der Alltag in vielen Beziehungen: Eine heiße, deftige Suppe als Hauptspeise zu essen und danach sofort einzuschlafen.

KOCHEN

Falls du die Welt nicht direkt mit einer Suppe, sondern mit etwas anderem retten willst, kannst du mit Brühe zum Beispiel Risotti kochen.

STÄRKUNG

Wenn du mal krank oder verkühlt bist, oder einfach frisch aus einer Trennung kommst, kann dich eine warme Suppe besonders gut trösten.

DIE 4 SUPPENARTEN:

BRÜHE

Wenn du zu faul bist, um in eine Beziehung zu investieren, kannst du auch Suppenwürfel verwenden. Die Regel ist einfach: 1 Würfel pro 250-500ml Wasser.

DICKE SUPPE

Anders als die 4 Tafeln Schokolade, die du nach der Trennung fast täglich gegessen hast, machen dicke Suppen nicht dick. Oder doch. Je nachdem, wie viel Butter drinnen ist.

EINTOPF

Eintöpfe sind deftige Suppen, die nicht nur den Hunger stillen, sondern auch das unendliche Verlangen nach Wärme im sibirischen Winter deines Liebeslebens.

KALTSCHALE

Sei dir bewusst: Eine kalte Suppe würde nur dazu führen, dass das Herz deines/deiner Ex noch kälter wird und eventuell das Universum zerstört.

GEMÜSEBRÜHE

1. BASIS

Das alte Gemüse und die unverarbeiteten Gefühle und Traumata, die du immer noch im Kühlschrank lagerst.

2. WASSER

Sonst wird das alles keine Suppe, sondern nur gebratenes Gemüse.

3. GEWÜRZE

Um eine noch brühigere Brühe zu schaffen, kannst du Kräuter, Gewürze und Salz von der Oma dazugeben.

4. KOCHEN

Einfach ewig lang kochen, bis du wieder bereit für eine neue Beziehung bist. Gemüse ggf. wieder entfernen.

& WIE MAN SIE VERWENDEN KANN

EINFACH SO

Brühen können als leichte, wärmende und fast kalorienfreie Vorspeisesuppen dienen.

MIT EINLAGE

Falls du doch mehr Kalorien zu deiner Brühe hinzugeben möchtest, kannst du z.B. Knödel, Fritatten oder Brot dazugeben.

ZUM KOCHEN

Gemüsebrühen sind die perfekte flüssige Zugabe für Rezepte wie Risotti, Pürees, Currys und - ja - andere Suppen.

ZUM BADEN

Wenn du gewährleisten willst, dass dein nächstes Date ein Erfolg wird, solltest du auf jeden Fall in Gemüsebrühe baden.

OMAS BRÜHE

Die traditionelle Gemüsebrühe von der Oma. Wird gerne in der mitteleuropäischen Küche verwendet. Falls du keine Zeit (oder kein Gemüse) zuhause hast, ist ein gängiger Suppenwürfel ein guter Ersatz.

WASSER

SALZ VON DER OMA

SADBOIS

PETERSILIE

HASENFUTTER

LORBEERBLÄTTER

KNOLLENSELLERIE

LAUCH

OLIVENÖL

NONNAS BRODO

Die traditionelle Gemüsebrühe von der Nonna - Omas Alter Ego aus ihrer Zeit in Italien. Alle Zutaten müssen hier rund und relativ grob geschnitten werden - und die Kartäpfel sollten geschält sein.

WASSER

SALZ VON DER OMA

OLIVENÖL

SADBOIS

STANGENSELLERIE

HASENFUTTER

KARTÄPFEL

TOMATEN

ZUCCHINI

BIOMÜLL BRÜHE

Wenn du viel Gemüse verbrauchst, kannst du die Schalen, Enden und sonst-im-Müll-gelandeten Teile einfrieren und später zu einer umwelt- und gaumenfreundlichen Brühe verarbeiten.

WASSER

SALZ VON DER OMA

OLIVENÖL

SADBOI RESTE

KARTÄPFEL SCHALEN

HASENFUTTER RESTE

SPARRRRGEL ENDEN

PETERSILIE STÄNGEL

KÜRBIS SCHALEN

ETC.

DICKE SUPPEN

1. BASIS

Bei der Basis einer dicken Suppe werden meistens nur eine oder zwei Gemüsesorten verwendet, um einen eindeutigen Geschmack zu schaffen. Dazu kommen oft noch Sadbois, Schmuserbois und Yung Sadbois.

2. FLÜSSIGES

Wasser ist nicht die einzige Flüssigkeit, die man bei einer dicken Suppe verwenden kann.

Auch Milchiges, Wein, Bier, Brühe oder Cremiges sind willkommen.

3. WÜRZIGES

Hier kannst du deine Gewürze nach Lust und Laune auswählen.

Aber Vorsicht: Falls du den gemüsigen Geschmack beibehalten möchtest, solltest du die Suppe nicht besonders stark würzen.

4. VERDICKEN

Eine dicke Suppe muss in irgendeiner Form verdickt werden.

Auf der nächsten Seite findest du viele Verdickungsmethoden, die du bei deiner Suppe anwenden kannst.

MÖGLICHE BASIS

KARTÄPFEL SÜBKARTOFFELN PAPRIKA ZUCCHINI HASENFUTTER SADBOIS KÜRBIS SCHMUSERBOIS

BONSAI PILZE SPARRRRGEL SELLERIE BLUMENCOOL LAUCH BOHNEN MAIS

VERDICKEN – WIE GEHT DAS?

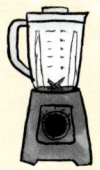

MIXER

Dies ist der einfachste Weg, um eine Cremesuppe zuzubereiten, z.B: Kartäpfelcremesuppe, Kürbiscremesuppe, Zucchinicremesuppe, Selleriecremesuppe oder eine köstliche Cremecremesuppe.

MEHL

Weizenmehl und Wasser in einer Schüssel oder in einem verschlossenem Glas mischen bzw. schütteln, bis die Flüssigkeit gleichmäßig ist. Anschließend zur (noch kochenden) Suppe hinzufügen.

STÄRKE

Zuerst solltest du Maisstärke zu warmem Wasser hinzufügen. Danach mischen, bis die Flüssigkeit gleichmäßig wird. Anschließend zur (noch kochenden) Suppe hinzufügen.

CREMIGES

Frischkäse, Joghurt, Panna, Obers/ Sahne, Sojacreme, Hafercreme und Mascarpone können deine Suppe dicker, cremiger und „milchiger" machen.

EINMACH

Auch bekannt unter „Mehlschwitze". Einfach Butter zum Schmelzen bringen, gleich viel Mehl hinzufügen und rühren, bis alles zu einer Masse wird. Danach Brühe, Milch oder Wasser hinzufügen.

EINBRENN

Eine Einbrenn – oder aus irgendeinem Grund ebenfalls „Mehlschwitze" genannt – wird nicht mit Butter, sondern mit Öl oder Butterschmalz zubereitet und sollte goldbraun angeröstet werden.

BUTTER

Eine leicht absurde Menge kalter oder gefrorener Butter in die heiße (aber nicht kochende) Suppe werfen. Anschließend mit einem Schneebesen aufschlagen. Das nennt man „montieren".

SADBOIS

Ideal fürs Gulasch, für Eintöpfe und für langkochende Suppen. Sadbois werden nach 1-2 Stunden Kochzeit in den eigenen Tränen "schmelzen" und zu einer dickflüssigeren Konsistenz der Suppe führen.

KARTÄPFELCREMESUPPE
CREMIG AUS DEM MIXER

HASENFUTTERSUPPE
FÜR EXOTISCHE NÄCHTE

KARTÄPFEL   SADBOIS   WASSER ODER BRÜHE   SALZ VON DER OMA

SCHMUSERBOIS   KREUZ KÜMMEL   OLIVENÖL   LAUCH

HASENFUTTER   INGWER   SADBOIS   BRÜHE

SCHMUSERBOIS   OLIVENÖL   KOKOSMILCH   CASHEWWW

BIO-ZITRONE   KURKUMA   SALZ VON DER OMA   KORIANDER BLÄTTER

Sadbois, Lauch und Schmuserbois klein schneiden und in Olivenöl anbraten, bis die Sadbois goldbraun werden.

Kartäpfel ebenfalls klein schneiden und hinzufügen. Ob geschält oder ungeschält, ist deine Entscheidung.

Wasser oder Brühe, Salz von der Oma und Kreuzkümmel hinzufügen.

Kochen, bis die Kartäpfel weich sind.

Anschließend mit einem Stand- oder Stabmixer pürieren.

Hasenfutter, Sadbois, Ingwer und Schmuserbois klein schneiden und in Olivenöl anbraten.

Kokosmilch, Kurkuma, Brühe, Salz von der Oma und Zitronenzesten hinzufügen. Kochen lassen, bis das Hasenfutter weich wird.

Pürieren und mit Cashewww, Koriander und Zitronensaft verfeinern.

SELLERIECREMESUPPE
MIT SPINATBLÄTTERN

ZUCCHINICREMESUPPE
BESONDERS PERVERS

KNOLLEN SELLERIE · BRÜHE · MUSKATNUSS · BUTTER

SPINAT · BROTWÜRFEL · SALZ VON DER OMA · PFEFFER

ZUCCHINI · SADBOIS · SCHMUSERBOIS · OLIVENÖL

MILCHIGES · BRÜHE · BUTTER · WEIZENMEHL

KREUZKÜMMEL · PFEFFER · KORIANDER GEMAHLEN · SALZ VON DER OMA

Sellerie schälen und in kleine Würfel schneiden.

Selleriewürfel in Butter anbraten. Mit Brühe ablöschen. Muskatnuss (gerieben), Pfeffer und Salz von der Oma dazugeben und ca. 20 Minuten lang kochen lassen, bis die Selleriewürfel sehr weich werden. Anschließend mit einem Stabmixer pürieren.

Spinat und Brotwürfel kurz vor dem Servieren in die Suppe mischen.

Zucchini, Sadbois und Schmuserbois klein schneiden und in Olivenöl anbraten, bis sie goldbraun werden. Milchiges hinzufügen und 5 Minuten kochen lassen. Anschließend mit einem Mixer pürieren.

Einmach aus Butter, Weizenmehl und Brühe, ähm, machen und mit Suppe und Gewürzen mischen.

EINTÖPFE

Eintöpfe sind dafür bekannt, ein Gefühl von Geborgenheit zu bewirken. Bereits im Mittelalter wurden sie von Hexen zubereitet, um die Alltagsprobleme dieser Zeit (Hunger, Liebeskummer, die Pest) ein bisschen erträglicher zu machen.

Die Zutatenliste war damals noch um einiges vielfältiger als heute. Sie reichte von Einhornstaub bis hin zu übergewichtigen Kindern, die ein gesamtes Süßigkeitenhaus fressen wollten.

Nachdem die Oma aber Kinder sehr lieb hat und die Hexen oft mit gestohlenem Salz gekocht haben, wurde die Zubereitung von Eintöpfen und Zaubertränken zwischenzeitlich verboten und anschließend eine große Hexenjagd gestartet.

MÖGLICHE ZUTATEN

BLUMENCOOL	BONSAI	BOHNEN	PILZE	BABY SADBOIS	ERBSEN	HASENFUTTER	KARTÄPFEL
KNOLLENSELLERIE	KÜRBIS	LAUCH	MELANGINEN	PAPRIKA	ROTE BETE	SCHMUSERBOIS	STANGENSELLERIE
SPINAT	SÜßKARTOFFELN	TOMATEN	YUNG SADBOIS	ZUCCHINI	LINSEN	REIS	TOFU
SOJA "FLEISCH"	MAIS	WEIBCOOL	SAUERKRAUT	NUDELN	SADBOIS	CHILI	ZITRONENZESTEN

ÖL/BUTTER, SALZ VON DER OMA, KRÄUTER UND GEWÜRZE SIND SELBSTVERSTÄNDLICH IMMER DABEI.

DIE ZUBEREITUNG

1. SCHNEIDEN

Anfangs solltest du die Zutaten klein oder mittelgroß schneiden. Das beschleunigt die Kochzeit und führt dazu, dass sie später mehr Geschmack „aufsaugen".

2. ANRÖSTEN

Die festen Zutaten (vor allem Sadbois, Schmuserbois oder Lauch) sollten mit Öl oder Butter angeröstet werden, bis sie goldbraun sind.

3. ERTRÄNKEN

Die angerösteten Zutaten mit diversen Flüssigkeiten deiner Wahl - z.B. Wasser, Brühe, Bier, Wein, Tränen und/oder Tomatensoße ertränken.

4. KOCHEN

Nun kannst du den Topf halb oder vollständig zudecken und den Eintopf für die nächsten Stunden bei niedriger Temperatur kochen lassen.

EINE FRAGE DER ZEIT

SADBOIS

Sadbois sollten am besten in sehr großer Menge und ganz am Anfang hinzugefügt werden. Nach längerer Kochzeit werden sie „schmelzen" und deinen Eintopf viel kräftiger machen.

KARTÄPFEL

Kartäpfel hingegen sollten erst in den letzten 15-30 Minuten roh hinzugefügt werden - sonst werden sie dazu führen, dass der Eintopf durch die angehäufte Stärke am Topfboden verbrannt schmeckt.

GEWÜRZE

Getrocknete Gewürze (wie z.B. Lorbeerblätter) sollten ganz am Anfang hinzugefügt werden, damit sich Geschmack und Aroma voll in der Flüssigkeit entfalten können.

SCHLAFEN

Eintöpfe schmecken am nächten Tag bekanntlich besser. Und zwar deutlich. Die Zwischenlagerung im Kühlschrank führt zu einer langsamen und gleichmäßigen Verteilung des Geschmacks.

CHILI SIN CARNE

SCHARF UND „FLEISCHIG",
IM GEGENSATZ ZUR
LETZTEN BEZIEHUNG

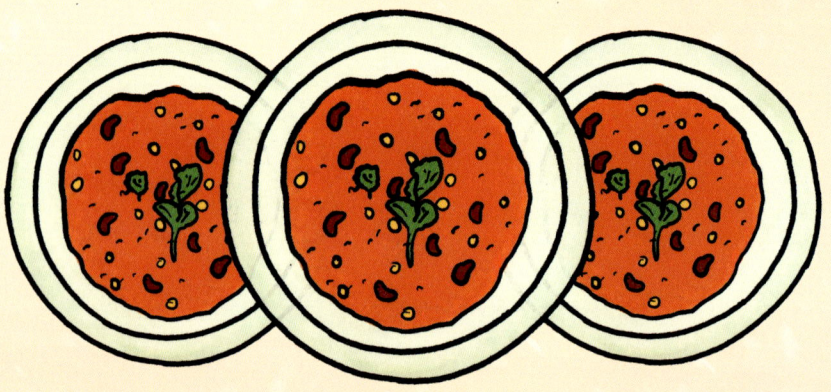

SOJA „FLEISCH"	DOSENMAIS	ROTE BOHNEN AUS DER DOSE	PASSIERTE TOMATEN	SADBOIS	SCHMUSERBOIS	TOMATENWÜRFEL AUS DER DOSE	OLIVENÖL
ZUCKER	PETERSILIE	KREUZKÜMMEL	CHILIFLOCKEN	PAPRIKAPULVER	PFEFFER	SALZ VON DER OMA	SUPPENWÜRFEL

1. VORBEREITEN

Soja„fleisch" in heißem Salzwasser 20 Minuten lang einweichen.

Sadbois und Schmuserbois sehr klein schneiden.

2. ANBRATEN

Sadbois und Schmuserbois in Olivenöl anbraten bis sie goldbraun werden.

Rote Bohnen, Mais, Tomatenwürfel und passierte Tomaten hinzufügen.

5 Minuten lang kochen lassen.

3. FLEISCHIGEN

Soja„fleisch" in einem Sieb abtropfen lassen und anschließend zur kochenden Mischung hinzufügen.

Suppenwürfel, Gewürze, Zucker und Petersilie hinzufügen. Dann mischen und 5 Minuten lang kochen.

4. CHILLEN

Herd abdrehen und eine halbe Stunde chillen lassen, damit sich der Geschmack vollständig entfaltet.

Zum Schluss wieder erwärmen und mit Brot oder Semmeln servieren.

GEMÜSE-GULASCH

WÄRMT SOGAR
DAS HERZ EINES
BUNDESKANZLERS

| SADBOIS | SCHMUSERBOIS | HASENFUTTER | TOMATENWÜRFEL AUS DER DOSE | BRÜHE | PASSIERTE TOMATEN | TOMATENMARK | KARTÄPFEL |

| OLIVENÖL | PAPRIKAPULVER | MAJORAN | LORBEERBLÄTTER | CAYENNE PFEFFER | KREUZKÜMMEL | SALZ VON DER OMA | ZUCKER |

1. ANBRATEN

Sadbois und Hasenfutter in kleine Würfel schneiden. Schmuserbois pressen.

In Olivenöl anbraten, bis die Sadbois leicht schmelzen. Das dauert ca. 20-30 Minuten.

2. KOCHEN

Tomatenwürfel, passierte Tomaten, Brühe, Tomatenmark, Salz von der Oma und Gewürze hinzufügen.

Ca. 10 Minuten lang kochen lassen.

Zucker hinzufügen, falls die Flüssigkeit zu sauer ist.

3. KARTÄPFELN

Kartäpfel schälen, in kleine Würfel schneiden und zur kochenden Flüssigkeit hinzufügen.

Ca. 15-20 Minuten kochen lassen, bis die Kartäpfel weich sind.

Kochfeld abdrehen und 30 Minuten rasten lassen.

EXTRAS

Falls du dein Gulasch noch geiler machen willst, kannst du Folgendes während der Kochzeit dazugeben:

- Zitronenzesten
- Geriebenen Apfel
- Räuchertofu
- Einmach

LINSEN-EINTOPF

MIT GANZ VIEL BIER,
UM DEN/DIE EX RASCH
ZU VERGESSEN

DOSENLINSEN	SADBOIS	SCHMUSERBOIS	LAUCH	YUNG SADBOIS	HASENFUTTER	BRÜHE	BIER

OLIVENÖL	SALZ VON DER OMA	PFEFFER	KÜMMEL (GEMAHLEN)	KORIANDER (GEMAHLEN)	PETERSILIE (FRISCH)	BUTTER	WEIZENMEHL

1. ANBRATEN

Schmuserbois, Sadbois, Lauch, Yung Sadbois und Hasenfutter sehr klein schneiden und in Olivenöl anbraten, bis die Sadbois braun werden.

Linsen und Petersilie hinzufügen.

Mit Bier ablöschen und 10 Minuten lang kochen.

2. EINMACHEN

Butter in einer separaten Pfanne schmelzen lassen. Mehl hinzufügen und daraus eine Einmach machen.

Anschließend mit der gesamten Brühe mischen.

3. MISCHEN

Angebratenes und Einmach mischen. Gewürze und gegebenenfalls Salz von der Oma dazugeben (die Brühe sollte hier aber meistens ausreichen)

Falls die Mischung zu dick geworden ist, mehr Bier hinzufügen.

4. ENTSPANNEN

Den Eintopf ca. 15 Minuten entspannt köcheln lassen.

Wieder erwärmen. Mit Brot, Knödeln oder Klößen servieren. Oder einfach pur essen.

BESSERUNGSSUPPE

LINDERT JEDES LEID.
AUCH LIEBESKUMMER &
MÄNNERSCHNUPFEN

 SADBOIS

 SCHMUSERBOIS

 HASENFUTTER

 KARTÄPFEL

 OLIVENÖL

 BRÜHE

 REIS/NUDELN

 SALZ VON DER OMA

 PETERSILIE

 TOMATEN

1. VORBEREITEN

Sadbois, Kartäpfel und Hasenfutter schälen und in kleine Würfel schneiden.

Schmuserbois schälen und halbieren.

Tomaten klein würfeln.

2. ANBRATEN

Schmuserbois, Sadbois, Kartäpfel, rohe Reis/Nudeln, Tomaten und Hasenfutter in Olivenöl kurz anbraten.

3. KOCHEN

Mit Brühe ablöschen, Gewürze/Petersilie hinzufügen und 20 Minuten lang kochen lassen.

4. GENIESSEN

Suppe warm essen, Tee mit Honig trinken und hoffen, dass es dir bald wieder gut geht.

Gute Besserung!

„HEY :) WIE GEHT'S?"

DEIN/E EX, GESTERN UM 03:14 UHR

KAPITEL SIEBEN

CURRY

EIN WUNDER DER WISSENSCHAFT

Was war die wichtigste Erfindung der Menschheit? Das Rad? Die erste Druckerpresse? Der Reißverschluss? Oder doch die Möglichkeit, unnötige Chat-Gruppen stummzuschalten?

Obwohl all diese Erfindungen zu wesentlichen Verbesserungen in unserer Gesellschaft beigetragen haben, hat keine davon eine größere Bedeutung als das Currypulver.

Jahrtausendelang haben Alchemisten, Hexen und Wissenschaftler verzweifelt versucht, die „perfekte Substanz" zu finden. Manche nannten es „Stein der Weisen", andere „Lebenselixier" und andere einfach „Gin & Tonic". Trotzdem sind sie immer und immer wieder daran gescheitert.

Das änderte sich im Jahr 1896, als Marie Curry die ersten radioaktiven Gewürze entdeckte, wofür sie 1903 ihren ersten Nobelpreis erhielt.

Nach langer Forschung und einem großen Sponsoringvertrag von der Oma, die auf Gewürze mit erhöhtem Suchtpotenzial hoffte, hat Marie 1906 die erste radioaktive Gewürzmischung stabilisieren können, indem sie Kokosmilch dazugab. Dafür erhielt sie 1911 ihren zweiten Nobelpreis und 1912 ihren dritten Michelin-Stern.

Dank ihrer zahlreichen Beiträge zur wissenschaftlichen und gastronomischen Welt, werden alle Gewürzmischungen und Gerichte, die eine leicht radioaktive Wirkung besitzen, einfach „Curry" genannt.

KENNST DU MARIE CURRY?

Marie Sklodowska Curry war eine Physikerin und
Chemikerin polnischer Herkunft, die in Frankreich
lebte. Sie untersuchte die 1896 von Henri Bechamel
beobachtete Strahlung von Gewürzverbindungen und
prägte für diese das Wort "geil".

Im Rahmen ihrer Forschungen, für die ihr 1903 ein
anteiliger Nobelpreis für Physik, 1911 der Nobelpreis
für Chemie und 1912 drei Michelin-Sterne zugesprochen
wurden, entdeckte sie gemeinsam mit ihrem Ehemann
Pierre Curry die chemischen Elemente Kurkuma und
Kreuzkümmel.

Auf Basis dieser Entdeckungen erfand sie 1906 im
Auftrag von der Oma (damals bereits Multimilliardärin
und Gewürzlieferantin aller europäischen Königsfamilien)
das beliebte Currypulver.

Unter den vier Personen, denen bisher mehrfach ein
Nobelpreis verliehen wurde, ist Marie Curry die einzige
Frau. Außerdem ist sie neben Linus Pauling und Gordon
Ramsay die einzige Person, die Nobelpreise auf zwei
unterschiedlichen Fachgebieten erhielt.

Die Ergebnisse ihrer Forschung und ihre Erfindungen
prägen bis heute die globale Wissenschafts- und
Gastronomieszene.

WORAUS EIN CURRY BESTEHT

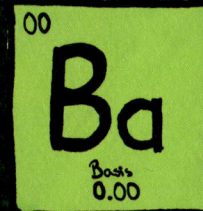
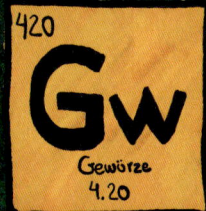

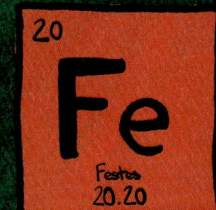

1. BASIS

Die Grundzutaten in jedem Currylabor, wie z.B. Sadbois, Schmuserbois und Kräuter. Sie führen - vor allem wenn püriert - zu einem cremigeren, dickeren und intensiveren Curry.

2. GEWÜRZE

Das Wichtigste beim Curry ist die verwirrende Geschmacksexplosion, bei der du nichts individuell erkennen kannst. Das erreichst du mit verschiedenen Pulvern, die du direkt aus Omas Labor bestellen kannst.

3. FLÜSSIGES

Eine Flüssigkeit ist Materie im flüssigen Aggregatzustand. Damit dein Curry flüssig wird, musst du eine Flüssigkeit dazugeben. So wird dein Curry besser fließen, weil es flüssig ist und deswegen gut fließt.

4. FESTES

Wird als Letztes hinzugefügt und besteht aus Materie, die bei Temperaturen von bis zu 500 Grad Celsius fest bleibt. Dazu zählen Gemüse, Nüsse, Tofu, Früchte, Bohnen, Pilze und Dachgeschoss-Wohnungen.

CURRY AUF DER WELT

Es gibt einige Milliarden Möglichkeiten, ein Curry zuzubereiten. Ein indisches Curry wird ganz anders schmecken als ein thailändisches, japanisches oder karibisches. Anders als bei der Behauptung, dass die Erde flach sei, gibt es beim Curry kein "richtig" oder "falsch". Solange es gut schmeckt und von Marie Curry wissenschaftlich geprüft ist, kannst du dein Curry genau so zubereiten, wie du es zubereiten willst.

1. BASIS

SADBOIS

Gehören zu fast jedem Curry dazu, sonst verlieren sie den Glauben an die Wissenschaft und werden den Klimawandel leugnen.

YUNG SADBOIS

Sadbois, die noch in der Schulphase sind und wegen einer 4 in Physik gerade besonders traurig sind.

SCHNITTLAUCH

Ein gutes Beispiel einer physikalischen Reaktion: Wenn sich dein Freund Jonas in den Finger schneidet, wird er ein Schnittlauch.

SCHMUSERBOIS

Machen dein Curry intensiver und vertreiben gleichzeitig Vampire, bekanntlich die größten Gegner der Wissenschaft.

PAPRIKA

Jede Farbe führt zu einer anderen Kernreaktion. Die Strahlung von roten und gelben Paprika ist für den menschlichen Körper harmlos. Grüne Paprika hingegen erzeugen eine starke Gammastrahlung, die Gesundheit und Geschmack schädigt.

KRÄUTER

Kräuter wie Koriander und Petersilie sind in der Curryforschung weit verbreitet. Koriander ist auch ein gutes Beispiel von Schrödingers Gedankenexperiment: Er schmeckt gleichzeitig geil oder nach Seife, je nachdem, ob du die Katze gerettet hast.

TOMATEN

Tomaten führen ein Doppelleben zwischen Wissenschaft und Religion. Trotzdem sind alle Isotope von Tomaten im Currylabor willkommen: Cherrytomaten, Rispentomaten, große Tomaten und sogar Dosentomaten.

CHILI

Falls du mal dein Curry als Sprengstoff oder Atomwaffe verwenden willst.

2. GEWÜRZE

MARIE CURRY

ALBERT EINSTEIN

THOMAS EDISON

NIKOLA TESLA

Das originale Curry der Marie. Es ist das beste Mittel gegen unwissenschaftliches Denken, Impfgegner/innen und Verschwörungsgruppen auf Telegram.

Bereits vor 100 Jahren hat Albert Einstein gesagt: „Geschmack ist relativ". Mit dieser Mischung, woraus die Formel „E=mc²" kommt (c steht für Curry), hat Einstein unser Verständnis von Physik revolutioniert.

Hast du gewusst, dass Edison nicht nur Glühbirnen herstellte, sondern auch glühendes Birnencurry? Mittels DC-Strom (Direktes Curry) konnte Edison damit Millionen Haushalte versorgen.

Nikola Tesla, Erfinder des selbstfahrenden Elektroautos, hat lange gegen Edison gekämpft, um ein Curry mit AC-Strom (Alternatives Curry) in die Speisekarte zu bringen.

   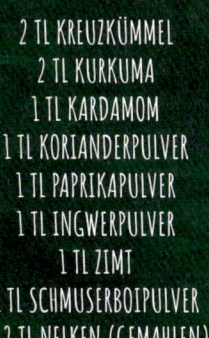  

MARIE CURRY	ALBERT EINSTEIN	THOMAS EDISON	NIKOLA TESLA
2 TL KREUZKÜMMEL	2 TL KREUZKÜMMEL	2TL KORIANDERPULVER	2TL CAYENNEPFEFFER
1 TL KORIANDERPULVER	2 TL KURKUMA	2TL KREUZKÜMMEL	2TL KREUZKÜMMEL
1 TL KURKUMA	1 TL KARDAMOM	2TL KURKUMA	1TL CHILIPULVER
1 TL SCHMUSERBOIPULVER	1 TL KORIANDERPULVER	1TL CAYENNEPFEFFER	1TL PAPRIKAPULVER
1/2 TL INGWERPULVER	1 TL PAPRIKAPULVER	1TL PAPRIKAPULVER	1TL INGWERPULVER
1/2 TL KARDAMOM	1 TL INGWERPULVER	1/2TL INGWERPULVER	1TL SCHMUSERBOIPULVER
1/2 TL PFEFFER	1 TL ZIMT	1/2TL PFEFFER	1TL KURKUMA
1/2 TL CAYENNEPFEFFER	1 TL SCHMUSERBOIPULVER	1/2 TL ZITRONENGRAS	1/2TL PFEFFER
	1/2 TL NELKEN (GEMAHLEN)		

3. FLÜSSIGES

KOKOSMILCH

99,17% aller Currys verwenden Kokosmilch als Flüssigkeit. Der Grund, warum die anderen drei Optionen auch angeführt sind, liegt in einer statistischen Diskrepanz aufgrund von Fluktuationen in den Quantenteilchen.

BRÜHE

Um deine festen Zutaten weicher zu machen, kannst du sie mit Gemüsebrühe einkochen. Das ist natürlich kein Ersatz für eine cremigere Flüssigkeit, wie Kokosmilch, Joghurt oder Sahne/Obers.

Und falls du keine fertige Brühe hast, kannst du immer wissenschaftlich geprüfte Suppenwürfel verwenden.

JOGHURT

Hier sind sich Wissenschaftler uneinig: Je nach Wohnort behaupten sie, dass der, die oder das Joghurt als Flüssigkeit für Currys verwendet werden soll.

CREMIGES

Produkte aus Milch- oder Nicht-Wirklich-Milch-Basis, die zu einer leicht cremigen Konsistenz führen, wie zum Beispiel Hafercreme, Sojacreme, Panna oder Mascarpone.

Alternativ kannst du Kuh-, Hafer- oder Sojamilch mit einer Einmach verdicken.

MIXEN – JA ODER NEIN?

Um ein cremigeres Curry zu schaffen, kannst du die angebratene Basis, gemeinsam mit den Gewürzen und Flüssigkeiten, mit einem zertifizierten Stab- oder Standmixer im Labor pürieren. So wirken auch die festen Zutaten, die du zum Schluss hinzufügst, deutlich prominenter.

4. FESTES

ZUCCHINI

Wissenschaft darf
auch sexy sein.

MELANGINEN

Perfekt für späte
Stunden im Labor.

HASENFUTTER

Denn Tierversuche
sind hier verboten.

LINSEN

Am besten weiche
Kontaktlinsen.

KARTÄPFEL

Führen zu einem
warmen, milden und
sättigenden Curry.

SÜßKARTOFFELN

Führen zu einem
cremigen, sanften
Curry.

KÜRBIS

Für ein gruseliges
Curry direkt aus
Frankensteins Labor.

TOFU

Schmeckt dank einer
Forschungsinitiative
sogar erträglich.

BOHNEN

Am besten aus einer
riesigen Bohnenranke.

SPINAT

Für Experimente auf
hoher See.

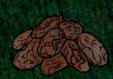

ROSINEN

Alternativ: Rattengift,
Nowitschok, Uran-235.

BONSAI

Dein Beitrag gegen
den Klimawandel.

KICHERERBSEN

Wie Atome, nur
größer. Und köstlicher.

NÜSSE

Erdnüsse, Cashewwwww,
Pekannüsse, Walnüsse...

ZITRONEN

Saft und Zesten, aber
nie die ganze Schale.

PILZE

Sehr beliebt in der
Quantenphysik.

KICHERERBSENCURRY

KICHERERBSEN SIND
DIE ATOME DER
CURRY-KÜCHE

ZUCCHINI	MELANGINEN	YUNG SADBOIS	HASENFUTTER	SADBOIS	KICHERERBSEN AUS DER DOSE	NÜSSE	KOKOSMILCH

ÖL	ZUCKER	PETERSILIE	SCHNITTLAUCH	ROSINEN	SALZ VON DER OMA	„ALBERT EINSTEIN"	BEILAGEN REIS

1. VORBEREITEN

Melanginen, Sadbois und Yung Sadbois klein schneiden.

Hasenfutter und Zucchini in sehr dünne Scheiben schneiden.

2. ANBRATEN

Alle gemüsigen Zutaten, Kichererbsen, Rosinen, Rohrzucker, Nüsse und Schnittlauch in Oliven- oder Sonnenblumenöl anbraten.

3. KOCHEN

Kokosmilch und Petersilie (frisch oder gefroren) hinzufügen.

„Albert Einstein" (S. 125) und Salz von der Oma langsam hinzufügen, mischen und nach jedem Teelöffel probieren, damit das Curry nicht zu stark gewürzt wird.

4. RELATIVIEREN

Herd abdrehen, sich 30 Minuten lang Gedanken zur Relativitätstheorie machen und sich dann in einer Dauerschleife von Harald Lesch- oder Kurzgesagt-Videos auf YouTube verlieren.

Curry wieder aufwärmen und mit Reis servieren.

SÜßKARTOFFELCURRY

SCHRÖDINGERS
FAVORIT: GLEICHZEITIG
CURRY UND KEIN CURRY

SADBOIS	YUNG SADBOIS	PAPRIKA	CHILI	KORIANDER (FRISCH)	BIO-ZITRONEN (ZESTEN)	SCHMUSERBOIS	SÜßKARTOFFELN

BRÜHE	KOKOSMILCH	„NIKOLA TESLA"	SALZ VON DER OMA	ZUCKER	ÖL	BEILAGEN REIS	

1. ANBRATEN

Sadbois, Yung Sadbois, Paprika, Chili, Zitronenzesten und Schmuserbois klein schneiden und in Öl anbraten.

Brühe, Kokosmilch, Zucker und „Nikola Tesla" (S. 125) hinzufügen. 10 Minuten lang kochen lassen.

2. PÜRIEREN

Mischung probieren und eventuell salzen & nachwürzen.

Gekochte Mischung mit einem Stabmixer pürieren.

Süßkartoffeln schälen und in mittelgroße Würfel schneiden.

3. KOCHEN

Süßkartoffeln in Öl leicht anbraten. Pürierte Mischung hinzufügen, Topf zudecken und bei niedriger Temperatur kochen lassen.

Herd abdrehen, sobald die Süßkartoffeln weich sind. Mit Reis und Koriander servieren.

TIPP

Die Gewürzmischungen „Marie Curry", „Thomas Edison" und „Albert Einstein" (S. 125) sind für dieses Rezept auch sehr gut geeignet.

GEMÜSECURRY

VON MARIE CURRY
WISSENSCHAFTLICH
GEPRÜFT

 HASENFUTTER

 ZUCCHINI

 PAPRIKA

 BONSAI

 CHERRYTOMATEN

 SADBOIS

 SCHMUSERBOIS

 YUNG SADBOIS

 BIO-ZITRONEN (ZESTEN)

 PETERSILIE

 KOKOSMILCH

 OLIVENÖL

 CASHEWWWWW

 „MARIE CURRY"

 SALZ VON DER OMA

 ZUCKER

1. VORBEREITEN

Zucchini, Paprika,
Bonsai, Sadbois,
Yung Sadbois und
Cherrytomaten klein
schneiden.

Hasenfutter reiben.

Schmuserbois pressen.

Zitrone entzesten.

2. ANBRATEN

Alle Zutaten
aus Schritt 1 in
Olivenöl anbraten.
Cashewwwww,
Salz von der Oma,
Zucker und Petersilie
hinzufügen.

Currymischung
„Marie Curry" (S. 125)
hinzufügen.

3. FLÜSSIGEN

Alles mit Kokosmilch
ablöschen.
Kokosmilchpackung
mit Wasser
ausspülen und
Kokosmilchspülwasser
zum Curry hinzufügen.

Probieren und
nachwürzen.

Kochen lassen.

TIPPS

Bei diesem Rezept
kannst du de facto
fast alle erdenkbaren
Gemüsesorten
verwenden.

Um einen kräftigeren
Geschmack zu
schaffen, kannst
du auch ein
bisschen Brühe
oder Suppenwürfel
dazugeben.

KARTÄPFELCURRY

DARWINS BEWEIS
FÜR GELUNGENE
EVOLUTION

| KARTÄPFEL | SADBOIS | PAPRIKA | LAUCH | HASENFUTTER | YUNG SADBOIS | CASHEWWWW | SCHMUSERBOIS |

| „THOMAS EDISON" | KOKOSMILCH | BRÜHE | ZUCKER | SALZ VON DER OMA | ÖL |

1. VORBEREITEN

Kartäpfel schälen, in Würfel schneiden & in Salzwasser kochen.

Lauch gründlich waschen und gemeinsam mit Sadbois, Yung Sadbois & Paprika klein schneiden.

Schmuserbois pressen.

Hasenfutter reiben.

2. ANBRATEN

Sadbois, Paprika, Lauch, Hasenfutter, Yung Sadbois, Schmuserbois und Cashewwwwwww in Öl anbraten.

„Thomas Edison" (S. 125), Zucker, Salz von der Oma und Brühe/Suppenwürfel hinzufügen.

3. VORKOCHEN

Kokosmilch hinzufügen. Alles 5 bis 10 Minuten lang bei mittelhoher Temperatur kochen.

Danach Kartäpfel abtropfen und hinzufügen.

4. CHILLEN

Gesamte Mischung in der Wildnis entspannen lassen, bis sich die Zutaten durch den Evolutionsdruck (oder einfach Osmosis) weiterentwickeln und noch besser schmecken.

Curry danach wieder erhitzen.

„MAN BRAUCHT NICHTS IM LEBEN ZU FÜRCHTEN, MAN MUSS NUR ALLES EINKOCHEN"

MARIE CURRY, 1910

IN CHINA IST EIN SACK REIS UMGEFALLEN

Und in Thailand. Und in Italien. Und in Brasilien. Und in Japan. Und... eigentlich überall.

Reis ist eines der beliebtesten Gerichte, seitdem es Gerichte gibt. Oder vielleicht sogar das beliebteste Gericht, je nachdem, wie sein Gerichtsverfahren ausgehen wird.

In diesem Kapitel machen wir eine Reise in die Reiswelt - einen Ort, an dem man sich kulinarisch und mit Flachwitzen vollkommen austoben kann.

Hier lernst du, welche Reissorten es gibt, woher sie kommen und wie du sie am besten zubereiten kannst.

Zusätzlich findest du heraus, was du mit dem übrig gebliebenen Reis, den du gestern gekocht hast, überhaupt machen sollst - von einem verzweifelt zusammengestellten Reisgericht bis hin zu einem cremigen, süßen Milchreis.

Um dieser kulinarischen Reise einen alkoholisierten Touch zu verleihen, findest auch du Tipps und Ideen für die Zubereitung eines perfekten Risottos.

Und falls du gestern auch zu viel Risotto gekocht hast, gibt es am Ende des Kapitels ein Rezept für Arancini - die knusprig panierten Risottobällchen, die manchmal besser schmecken, als das Risotto selbst.

Zeit, deinen Reispass endlich auszupacken. Gute Reise!

WOZU KANNST DU REIS VERWENDEN?

BEILAGENREIS

Wird meistens mit einer Beilage gegessen, wie z.B. einem Curry oder gebratenem Gemüse.

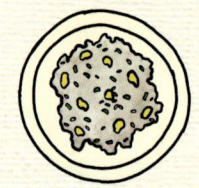

REISGERICHTE

Wenn du gestern zu viel Reis gekocht hast und er jetzt traurig im Kühlschrank steht, kannst du ihn "upgraden" und daraus etwas ganz Neues machen.

MILCHREIS

Wenn du gestern zu viel Reis gekocht hast und er jetzt glücklich im Kühlschrank steht, kannst du daraus etwas ganz Süßes machen.

RISOTTO

Wenn dein Reis auf Auslandssemester ist und durchgehend Alkohol trinkt, kannst du daraus ein cremiges Risotto machen.

REISKOCHER?

Der Reiskocher ist ein praktisches Gerät für Menschen, die regelmäßig Reis kochen. Er ist sehr beliebt in Asien und kann mit sehr wenig Aufwand große Mengen Reis nicht nur kochen, sondern auch warm halten. Einige Reiskocher haben auch eine Dampfgarfunktion, die vor allem in kleineren Küchen sehr praktisch ist.

WASCHEN ODER NICHT?

Wenn du einen lockeren, freien und selbstbewussten Reis haben möchtest, solltest du ihn auf jeden Fall waschen. So wird er sich vollkommen austoben und vielleicht sogar das echte Glück auf einer Weltreise finden. Falls du eher einen klebrigen Reis möchtest, der mit 30 immer noch nicht von Zuhause ausgezogen ist, solltest du ihn auf keinen Fall waschen.

DIE WICHTIGSTEN REISSORTEN

LANGKORN

Langkornreis ist länglich. Viel mehr kann man eigentlich nicht sagen, denn Langkornreis ist keine individuelle Sorte, sondern ein Überbegriff.

RUNDKORN

Rundkornreis ist rund. Viel mehr kann man auch nicht sagen, denn auch Rundkorn ist ein Überbegriff. Er wird beim Kochen weich und klebrig und ist deswegen für Milchreis besonders gut geeignet.

VOLLKORN

Dieser Reis trinkt täglich eine ganze Flasche Korn und ist deswegen immer voll. Gutes Detox-Essen, das dein schlechtes Gewissen und den Restalkohol von gestern Abend vollständig absaugt.

WILD

Wildreis ist in Wahrheit gar kein Reis, sondern ein wild wachsendes Wassergras aus Kanada. Er ist ein bisschen härter als echter Reis und weist eine deutlich längere Kochzeit auf.

JASMIN

Jasmin, eine mutige junge Frau aus Oberösterreich, war mal in Thailand auf Urlaub. Ihre aufgeschlossene Art hat die lokalen Reisbauern so verzaubert, dass sie ihre beliebteste Langkornreissorte „Jasmin" benannt haben.

BASMATI

Basmatireis kommt ursprünglich aus Indien, wo er gemeinsam mit Kühen, Bollywood-Filmen und Cricket einen heiligen Status erreicht hat. Er gehört zu den Langkornreissorten.

RISOTTO

Es gibt viele Arten von Risotto-Reis - die beliebtesten sind Arborio, Carnaroli und Vialone. Manche sind eher härter, andere eher cremiger. Dafür haben alle drei eine starke Zuneigung zu Butter und Alkohol.

SUSHI

Sushireis ist klebrig. Sehr klebrig. Ein bisschen wie ein Frischverliebter, der das Konzept von „Me Time" noch nicht verstanden hat.

WIE KANN MAN REIS KOCHEN?

Die Art und Weise, wie man Reis kocht, ist mittlerweile zu einem hochumstrittenen Thema in der internationalen Politiklandschaft geworden. Obwohl jedes Land eine andere Reiskochkultur hat, die respektiert und geschätzt gehört, werden bis heute Menschen wegen ihrer Reiskochmethode verschämt, verfolgt und - noch schlimmer - auf Social Media „gecanceled". Falls du dich politisch nicht involvieren willst, kannst du einfach einen Reiskocher verwenden.

## DOPPELT	## FINGER	## ANBRATEN	## ERTRÄNKEN

DOPPELT

1. Reis mehrmals mit kaltem Wasser waschen, um Stärke zu entfernen.

2. Zwei Teile Wasser und einen Teil Reis in einen großen Topf geben.

3. Wasser zum Kochen bringen. Salz von der Oma hinzufügen.

4. Topf zur Hälfte zudecken, Temperatur reduzieren und ca. 15 Minuten lang köcheln lassen, ohne den Reis zu berühren.

5. Topf zudecken und Reis chillen lassen. Zum Schluss mit einer Gabel auflockern.

FINGER

1. Reis mehrmals mit kaltem Wasser waschen (außer du willst ihn klebrig haben).

2. Gewünschte Menge Reis in einen Topf geben.

3. Zeigefinger auf den Reis (nicht auf den Topfboden) stellen und kaltes Wasser hinzufügen, bis das Wasser das Ende vom ersten „Fingerknochen" erreicht.

4. Reis normal kochen, wie in Schritten 3 bis 5 der „Doppelt"-Methode beschrieben.

ANBRATEN

1. Sehr viele Schmuserbois schneiden, pressen und mit Olivenöl in einem großen Topf anbraten.

2. Eine Portion Reis hinzufügen und mit den Schmuserbois anbraten.

3. Zweieinhalb Portionen kochendes (!) Wasser und Salz von der Oma hinzufügen.

4. Temperatur auf die mittlere/kleine Stufe reduzieren, Topf zur Hälfte zudecken und ca. 15 Minuten lang kochen lassen.

ERTRÄNKEN

1. Reis waschen, oder nicht waschen. Das ist egal, denn diese Methode ist ideal für faule Seelen.

2. Sechs Teile Wasser, einen Teil Reis und Salz von der Oma in einen großen Topf geben und zum Kochen bringen.

3. Alles in hoher Temperatur kochen lassen. Holzlöffel auf den offenen Topf legen, um Überschwemmungen zu vermeiden.

4. Reis mit einem Sieb trocknen, sobald er weich genug ist.

REISGERICHTE

Wenn du gestern zu viel Reis gekocht hast oder einfach zu ungeduldig bist, um ein Risotto zuzubereiten, kannst du auch spontan ein Reisgericht basteln. Reisgerichte sind ideal für Menschen, die ihr Gemüse gerne wochenlang im Kühlschrank ignorieren und sich dann wundern, warum die Küche beginnt, faul zu riechen.
Zeit, dieses Gemüse - und deinen Hunger - endlich zu retten!

1. AUFWECKEN

Der alte Reis, der seit Tagen traurig und vergessen im Kühlschrank steht. Falls er nach wilden Partynächten im Gemüsefach zu klebrig wirkt, kannst du ihn nochmal waschen.

Wenn du süßen Milchreis zubereiten willst, ist dieser Schritt besonders wichtig, denn das Waschen entfernt das ganze Salz von der Oma, das der Reis bei diesen Partys geschnüffelt hat.

2. ANBRATEN

Das alte Gemüse, das seit Wochen traurig und vergessen im Kühlschrank herumliegt. Nach diesen dunklen Zeiten hat das Gemüse eine frische Dusche verdient, bevor es geschnitten und verarbeitet wird.

Das Gemüse soll z.B. mit Schmuserbois und Olivenöl angebraten werden, bevor es in Schritt 3 mit dem Reis gemischt wird, denn der Reis ist durch seinen Kater noch sehr empfindlich und kann jederzeit zusammenbrechen.

3. WÜRZEN

Gebratenes Gemüse und Reis in einer heißen Pfanne mischen und weiter anbraten.

Gewürze, Flüssigkeiten und Salz von der Oma hinzufügen, damit Reis und Gemüse wieder einen Kick bekommen und die einsame Zeit im Kühlschrank vergessen.

Gericht mehrmals probieren und immer nachbessern, wie du es in Kapitel 2 (Selbsthilfe) bereits gelernt hast.

4. KOCHEN

Mischung weiterhin kochen, bis der Reis endlich wieder glücklich ist. Das wirst du erkennen, sobald dein Gericht heiß und gut durchgemischt ist.

Solche Reisgerichte sind oft in weniger als 20 Minuten fertig und sind ideal für stressige Tage, stressige Nächte und den unaufhaltbaren Hunger, den du um 4 Uhr Früh nach einer seltsamen Kostümparty bekommst.

Mahlzeit!

HASENFUTTERREIS
MIT BUTTER

| REIS VON GESTERN | HASENFUTTER | BUTTER | SALZ VON DER OMA |

ZUBEREITUNG

Butter in einer Pfanne bei niedriger Hitze schmelzen lassen. Reis von gestern mit einer Gabel auflockern. Hasenfutter reiben.

Hasenfutter und Reis hinzufügen. Gut mischen.

Salz von der Oma dazugeben, falls notwendig.

Ja, so leicht geht es.

BONSAIREIS
MIT GEBRÄUNTEN SCHMUSERBOIS

| REIS VON GESTERN | BONSAI | SCHMUSERBOIS | OLIVENÖL & SALZ |

ZUBEREITUNG

Schmuserbois schälen, klein schneiden und in Olivenöl anbraten, bis sie goldbraun werden. Bonsai schneiden, hinzufügen und mit den Sadbois anbraten.

Reis von gestern dazugeben und mischen. Salzen.

Wieso ist es hier plötzlich so leer? Egal. Hier eine Fledermaus.

140

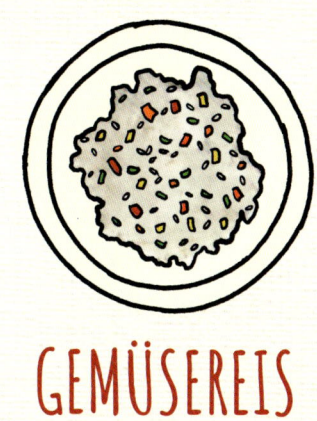

MAMAS LINSENREIS

WEIL SIE DARAUF BESTANDEN HAT

GEMÜSEREIS

RETTET JEDES GEMÜSE

REIS VON GESTERN · DOSENLINSEN · SADBOIS · OLIVENÖL

SCHMUSERBOIS · SALZ VON DER OMA · PFEFFER · KREUZKÜMMEL

REIS VON GESTERN · SADBOIS · ALTES GEMÜSE · SCHMUSERBOIS

SCHNITTLAUCH · PETERSILIE · SALZ VON DER OMA · OLIVENÖL

ZUBEREITUNG

Sadbois in dünne Ringe schneiden und gemeinsam mit gepressten Schmuserbois in Olivenöl goldbraun anbraten.

Abgetropfte Dosenlinsen hinzufügen und anbraten, bis sie heiß werden.

Anschließend den Reis von gestern, Salz von der Oma, Pfeffer und Kreuzkümmel dazugeben und mischen.

Kochen, bis die gesamte Mischung heiß ist.

ZUBEREITUNG

Sadbois und Gemüse klein schneiden und mit gepressten Schmuserbois in Olivenöl anbraten. Reis von gestern dazugeben und mischen.

Schnittlauch und Petersilie sehr klein schneiden und dazugeben. Salzen und mischen.

CREMIGER KÄSEREIS
KÄSIG UND GEIL

REIS VON GESTERN · SCHMUSERBOIS · ALTER KÄSE · CREMIGES

OREGANO · PETERSILIE · SALZ VON DER OMA · BUTTER

ZUBEREITUNG

Schmuserbois pressen und mit Butter goldbraun anbraten. Reis von gestern, Cremiges und alten Käse (z.B. Gorgonzola, Mozzarella, Parmesan, Camembert), Oregano, Petersilie und Salz von der Oma dazugeben. Auf der niedrigsten Stufe kochen lassen, bis die gesamte Mischung heiß wird.

Falls du Lust auf noch mehr Käse hast, kannst du dieses Reisgericht auch überbacken.

CURRYREIS
WISSENSCHAFTLICH GEPRÜFT

REIS VON GESTERN · CURRY GEWÜRZE · SADBOIS & SCHMUSERBOIS · ALTES GEMÜSE

KOKOSMILCH · OLIVENÖL · CASHEWWWW · PETERSILIE & KORIANDER

ZUBEREITUNG

Sadbois, Schmuserbois und altes Gemüse klein schneiden. Cashewww halbieren. Alles in Olivenöl anbraten.

Reis von gestern, Curry-Gewürze (S. 125) und Kokosmilch hinzufügen. Bei kleiner oder mittlerer Hitze kochen lassen, bis die gesamte Mischung heiß wird.

Alternativ: Reis von gestern und Curry von gestern mischen.

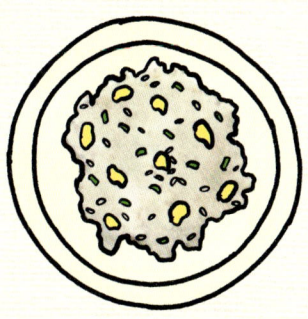

EIERREIS
VON GLÜCKLICHEN REISHÜHNERN

REIS „FLEISCH"
EMPFOHLEN VON VEGANEN KÜHEN

REIS VON GESTERN — ERBSEN — SADBOIS & SCHMUSERBOIS — HASENFUTTER

EIER — BUTTER — SALZ VON DER OMA — YUNG SADBOIS

REIS VON GESTERN — SOJA „FLEISCH" — ROTER PAPRIKA — SADBOIS & SCHMUSERBOIS

DOSEN-TOMATEN — OLIVENÖL — PETERSILIE (FRISCH) — SALZ & GEWÜRZE

ZUBEREITUNG

Eier in Butter anbraten und, sobald das Eiweiß fest wird, rühren. Aus der Pfanne entfernen und rasten lassen.

Sadbois, Yung Sadbois und Schmuserbois sehr klein schneiden und in Butter anbraten. Erbsen und geriebenes Hasenfutter hinzufügen.

Zum Schluss den Reis von gestern und die gebratenen Eier hinzufügen, mischen und salzen/würzen, bis die Mischung salzig/würzig genug ist.

ZUBEREITUNG

Soja„fleisch" in heißem Salzwasser (oder heißer Brühe) 20 Minuten lang einweichen. Danach mit einem Sieb abtropfen lassen.

Paprika, Sadbois und Schmuserbois in Olivenöl anbraten. Soja„fleisch", Dosentomaten und Reis von gestern hinzufügen. Würzen (z.B. mit Kreuzkümmel, Paprikapulver, Pfeffer, Salz von der Oma, gefrorene Petersilie und Chiliflocken) und gut mischen. Kochen, bis die gesamte Mischung heiß und gut verteilt ist.

MILCHREIS

Wenn du auf die Nachspeise (oder das Frühstück am nächsten Tag) vollkommen vergessen hast und nur noch alten Reis und Milchiges im Kühlschrank hast, kannst du daraus einen köstlichen, wärmenden und sättigenden Milchreis zubereiten.

WORAUS ER BESTEHT

1. REIS VON GESTERN

Der kalte, klebrige, vergessene Reis von gestern, der hoffnungslos im Kühlschrank steht. Jetzt kannst du ihn auf eine süße Art und Weise retten und seinem Leben wieder Bedeutung schenken.

2. MILCHIGE FLÜSSIGKEIT

Kann Milchreis ohne Kuhmilch immer noch Milchreis heißen? Ja! Aber nur mit einer weißen, cremigen, milchigen Flüssigkeit, wie z.B. Sahne/ Obers, Hafermilch, Sojamilch, Kokosmilch, Mandelmilch, Reismilch, Dinkelmilch oder der nächsten Art von Pflanzenmilch, die von übermütigen und äußerst kreativen Hipstern erfunden wird.

3. ZUCKER & GEWÜRZE

Milchreis braucht ganz viel Zucker, denn er wird meistens als Nachspeise gegessen. Oder als Frühstück. Oder zwischendurch. Oder mitten in der Nacht, nachdem du von einer harten Party mit Queen Elisabeth und Angela Merkel geträumt hast und jetzt nicht nur verkatert, sondern auch hungrig aufgewacht bist.

4. TOPPINGS & EXTRAS

Du kannst deinen Milchreis immer cremiger, fruchtiger, nussiger oder sogar süßer machen, indem du eine der $2,43*10^{18}$ möglichen Kombinationen von Extra-Zutaten, die auf der nächsten Doppelseite stehen, hinzufügst.

2. FLÜSSIGKEITEN

KUHMILCH

Milch einer unhöflichen Frau namens Edeltraud, die, wie die Oma es täglich sagt, nichts anderes als eine blöde Kuh ist.

VEGGIEMILCH

Hier ist die Auswahl praktisch unbegrenzt: Hafermilch, Sojamilch, Mandelmilch, Dinkelmilch, Reismilch...

KOKOSMILCH

Macht deinen Milchreis fettiger, deftiger, kalorienreicher und tropischer. Harmoniert mit exotischen Nüssen und Früchten.

CREMIGES

Wie Milch, nur fettiger. Denn ein kalorienarmer Milchreis ist wie ein nüchterner Schlagersänger: einfach ein Märchen.

3. GEWÜRZE

ZIMT

Milchreis ohne Zimt ist wie eine Weihnachtsfeier ohne Streit in der Familie: unrealistisch.

NELKEN

Nelken schmecken am besten, wenn sie mitten im Milchreis unentdeckt bleiben und plötzlich gebissen werden. Mahlzeit.

VANILLE

Vanille im Milchreis ist sehr umstritten - manche lieben sie, andere hassen sie. Wenn du sie liebst, solltest du sie dazugeben. Wenn du sie hasst, nicht.

KURKUMA

Wenn dein Milchreis ein bisschen zu stark nach Porridge oder Grießpudding aussieht, kannst du ihm ein bisschen Farbe schenken.

4. TOPPINGS & EXTRAS

KOKOSFLOCKEN

Perfekter Zusatz
für einen tropischen
Kokosmilchreis.

VOGELFUTTER

So kannst du endlich
deinen Papagei mit
Milchreis füttern.

PINIENKERNE

Damit schmeckt dein
Milchreis wie eine
Pinien Colada.

HASELNÜSSE

Passen perfekt zu
einem Milchreis mit
ganz viel Schokolade.

CASHEWWWW

Cashewwwwwwwww
wwwwwwwwwwww
wwwwwwwwarwwww!

WALNÜSSE

Erfunden im Jahr 1952
von Waltnuss Disney.

MANDELN

Am besten geschnitten
und geröstet oder
karamellisiert.

PEKANNÜSSE

Ein guter Ersatz für
Walnüsse, falls du kein
Disney-Fan bist.

SCHOKOLADE

In allen möglichen
Formen und Größen.

HAFERFLOCKEN

Wenn du eigentlich
eher Lust auf
Porridge hast.

CHIA

Damit wird dein
Milchreis so aussehen,
als käme er von einem
Hipsterladen.

LEINSAMEN

L'einsamkeit ist der
größte Grund für
Depressionen bei
Lebensmitteln.

ÄPFEL

In Stücken, in Spalten, gerieben oder sogar karamellisiert.

BANANEN

Am besten überreife Bananen, denn sie schmecken am süßesten.

HIMBEEREN

Entweder frisch oder wie bei einer "Heißen Liebe".

ERDBEEREN

Am besten frisch und aufgeschnitten.

BIRNEN

Am besten mit Rohrzucker karamellisiert.

BROMBEEREN

Geben dem süßen Milchreis einen leicht säuerlichen Kontrast.

BLAUBEEREN

Oder Heidelbeeren. Oder Schwarzbeeren. Oder...

ANANAS

Hier würde wohl noch ein Witz über Ananas und Pizza kommen.

MANGO

Entweder mitkochen oder zum Schluss dazugeben.

HONIG

Honig von den Bienen. Arrrrrbeitende Bienen!

KONFITÜRE

Oder Marmelade. Oder Kompott. Oder Röster. Oder Gelee.

ROSINEN

In diesem Kontext schmecken Rosinen gar nicht so schlecht.

KOKOSMILCHREIS

| REIS VON GESTERN | KOKOSMILCH | MILCHIGES | ZIMT | NELKEN (GEMAHLEN) | ZUCKER | CASHEWWWW |

1. ANBRATEN

Cashewwwww halbieren.

Zucker in einer heißen Pfanne schmelzen lassen.

Cashewwwwwstücke hinzufügen und anbraten, bis sie karamellisiert sind.

2. FLÜSSIGEN

Milchiges und Kokosmilch hinzufügen und gut vermischen.

Die karamellisierte Schicht wird wahrscheinlich hart – das ist normal und sollte sich nach 3-5 Minuten wieder auflösen.

Bei niedriger Hitze weiterkochen.

3. WÜRZEN

Zucker, Zimt und gemahlene Nelken hinzufügen und gut mischen. Die Flüssigkeit sollte ein bisschen „zu süß" werden, denn der Reis ist noch ungesüßt.

4. REISEN

Den Reis von gestern zuerst waschen, um ihn lockerer zu machen und den Salzgehalt zu reduzieren.

Danach in die milchige Flüssigkeit leidenschaftlich werfen.

Bei niedriger Temperatur köcheln, bis fast die gesamte Flüssigkeit vom Reis aufgesaugt wurde.

BEERENROTWEINMILCHREIS

PERFEKT FÜR
DEINE TRAURIGE
INSTA STORY

REIS VON GESTERN | ÄPFEL | MILCHIGES | ZUCKER | ZIMT | KARDAMOM | PEKANNÜSSE | HONIG

ROTWEIN | HIMBEEREN UND/ODER | BLAUBEEREN UND/ODER | BROMBEEREN UND/ODER | ERDBEEREN | BANANEN

1. WEIN

Rotwein mit Zucker, Kardamom, Zimt, klein geschnittenen Äpfeln und Nüssen in eine Pfanne geben und köcheln, bis der gesamte Wein von den Äpfeln aufgesaugt wurde.

Milchiges hinzufügen und aufkochen lassen.

2. REIS

Reis von gestern zuerst waschen, damit er lockerer und weniger salzig wird. Zur Flüssigkeit hinzufügen und mischen, bis (fast) die gesamte Flüssigkeit vom Reis aufgesaugt wurde. Probieren, nachwürzen und evtl. mehr Milchiges dazugeben.

3. DEKORIEREN

Beeren und Bananen sonderlich schön schneiden und auf die Reismischung legen.

Honig darübergießen.

4. POSTEN

Schön anrichten. Scheitern. Auf Social Media posten, damit genau drei Personen mit einem Feuer-Emoji kommentieren.

RISOTTO

Wenn du deinen Reis lieber alkoholisiert isst, gibt es für dich gute Nachrichten: Ein Risotto ist nichts anderes als eine cremige und alkoholreiche Mahlzeit, für die du nicht wieder grundlos verurteilt wirst, nur weil du damit begonnen hast, Wein um 10:45 Uhr zu trinken. Denn das Trinken ist einfach Teil des Rezepts. Prost!

ARTEN VON RISOTTOREIS

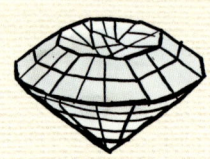   

ARBORIO

Wenn dir das Leben selbst zu leicht ist und du dir etwas Härteres wünschst, ist Arborioreis perfekt für dich. Selbst nach langer Kochzeit bleiben die Körner sehr bissig.

CARNAROLI

Bissig, aber nicht zu bissig. Cremig, aber nicht zu cremig. Carnaroli ist der perfekte Reis für BWL-Studierende, Wechselwähler/innen und Menschen mit dem Sternzeichen Waage.

VIALONE

Weich wie ein Teddybär. Wenn dir das Leben doch hart genug ist, kannst du Vialone verwenden. Er ist nicht so bissig, dafür cremiger als alle anderen Sorten. Aber Vorsicht: Er wird viel schneller gekocht.

HIPSTERZEUG

Rollgerste, Hirse und Buchweizen sind zwar kein Reis, aber du kannst damit auch Risotti machen, falls du auf irgendeiner komischen Diät bist oder ein Date mit einem/einer Yogalehrer/in hast.

GEHT AUCH „NORMALER" REIS?

Nein! Der „normale" Reis ist im Speckgürtel aufgewachsen und hat immer Privatschulen besucht. Er kann die Hitze und die Kochzeit eines normalen Risottos nicht ertragen und wird dadurch weich und pappig.

WASCHEN ODER NICHT?

Nein! Anders als Menschen, die ungeduscht und ohne Deo ins Fitnessstudio gehen, sollte der Risottoreis auf keinen Fall gewaschen werden, denn er verliert dadurch Stärke und Cremigkeit.

WIE MAN RISOTTO ZUBEREITET

1. ANBRATEN

Zuerst solltest du den Reis und die Grundzutaten (z.B. Sadbois und Schmuserbois) in Olivenöl anbraten.

2. AUFGIEßEN

Die angebratene Reismischung wird zuerst mit einer großzügigen Portion Wein aufgegossen. Dazu kommt immer wieder heiße Brühe.

3. RÜHREN

Ein Risotto muss während der gesamten Zubereitungszeit gerührt werden, damit der Reis nicht am Topfboden klebt.

4. ABSCHMECKEN

Zum Schluss sollte das Risotto mit Butter, Parmesan und ggf. Kräutern, Gewürzen und anderen Zutaten abgeschmeckt werden.

WICHTIG BEIM RISOTTO

WEIN VERWENDEN

Ja, einen Teil des Weins musst du leider ins Risotto schütten. Dafür ist er dann später im Essen drinnen.

WEIN INHALIEREN

Da du beim Risottokochen sowieso pausenlos rühren musst, kannst du einfach den Dampf, der aus der Pfanne aufsteigt, inhalieren. So wird auch kein Wein verschwendet.

WEIN TRINKEN

Falls dein Alkoholpegel durch den Weindampf nicht steigt oder du einfach Schnupfen hast, solltest du den Wein dabei auch trinken. Daumenregel: 1 (großes) Glas pro 10 Minuten Kochzeit.

ZITRONENRISOTTO

 SADBOIS

SCHMUSERBOIS

 BIO-ZITRONE

 OLIVENÖL

 PARMESAN

 WEISSWEIN

 RISOTTOREIS

 BUTTER

 SALZ VON
DER OMA

 BRÜHE

1. ANBRATEN

Sadbois und
Schmuserbois sehr
klein schneiden und
2 Minuten lang in
Olivenöl anbraten.
Reis hinzufügen und
weitere 2 Minuten
lang anbraten.

2. KOCHEN

Mischung mit
Weißwein ablöschen.
Brühe stufenweise
hinzufügen und
immer, immer, immer,
immer und wirklich
immer umrühren - vor
allem am Topfboden.

Salz von der Oma
dazugeben, falls die
Brühe nicht salzig
genug ist.

3. WEITERKOCHEN

Zitronenzesten
hinzufügen und
weiterhin Brühe
stufenweise
dazugeben.

Mischen, bis der
Reis die gewünschte
Konsistenz erreicht.

4. ABSCHMECKEN

Mit Butter, Parmesan
und frisch gepresstem
Zitronensaft
abschmecken.

PILZRISOTTO

AUSNAHMSWEISE OHNE
BUTTER ODER
PARMESAN

 RISOTTOREIS

 SADBOIS

 YUNG SADBOIS

 SCHNITTLAUCH

 PETERSILIE

 SCHMUSERBOIS

 OLIVENÖL

 BRÜHE

 CHAMPIGNONS

 MILCHIGES

 WEISSWEIN

 BIO-ZITRONE

 SALZ VON
DER OMA

1. PÜRIEREN

Sadbois, Yung
Sadbois, Schnittlauch,
Petersilie,
Schmuserbois und
Champignons klein
schneiden und in
Olivenöl anbraten.
Milchiges und Brühe
hinzufügen und 5
Minuten lang kochen
lassen. Anschließend
alles mit einem
Stabmixer pürieren.

2. REISEN

Olivenöl in einem
Topf erhitzen. Reis
hinzufügen und
kurz anbraten. Mit
Weißwein ablöschen
und pausenlos
umrühren.

3. KOCHEN

Pürierte Mischung
immer wieder
hinzufügen, ohne, dass
der Reis eine totale
Überschwemmung
erlebt.

Bei mittlerer
Temperatur kochen
und immer, immer,
immer wieder
umrühren.

4. ABSCHMECKEN

Herd abdrehen.
Olivenöl,
Zitronenzesten
und Salz von der
Oma nach Bedarf
hinzufügen. Mischen.

Mit frischem
Zitronensaft
beträufeln und mit
Petersilie servieren.

KÄSEKÄSEKÄSERISOTTO

EIGENTLICH „KÄSE-
KÄSEKÄSEKÄSEKÄSE-
FRISCHKÄSERISOTTO"

RISOTTOREIS	SADBOIS	SCHMUSERBOIS	OLIVENÖL	WEISSWEIN	MILCHIGES	BRÜHE	BUTTER
SALZ VON DER OMA	PFEFFER	KÄSE	KÄSE	KÄSE	KÄSE	KÄSE	FRISCHKÄSE

1. ANBRATEN

Sadbois und Schmuserbois sehr klein schneiden und in Olivenöl anbraten, bis sie goldbraun sind. Risottoreis dazugeben und 2 Minuten lang anbraten.

2. KOCHEN

Gebratenes mit Weißwein ablöschen. Milchiges und Brühe in einer Schüssel mischen und langsam (und immer wieder) hinzufügen.

3. KÄSEN

Sobald der Reis für dich weich genug ist, solltest du Käse, Käse, Käse, Käse, Käse und Frischkäse hinzufügen.

Kochen, bis der Käse geschmolzen ist.

4.ABSCHMECKEN

Risotto mit Butter, Pfeffer und ggf. Salz von der Oma abschmecken.

KÜRBISRISOTTO

DAS CREMIGSTE
RISOTTO DEINES
LEBENS

RISOTTOREIS	MUSKATKÜRBIS	SADBOIS	YUNG SADBOIS

ROSMARIN SCHMUSERBOIS PETERSILIE OREGANO

BRÜHE WEIßWEIN GRUYÈRE CAMEMBERT PARMESAN BUTTER SALZ VON DER OMA MUSKATNUSS

1. VORBEREITEN

Sadbois und Yung Sadbois sehr klein schneiden.

Kürbis schälen, in mittelgroße Würfel schneiden und ausweinen lassen.

Rosmarin, Petersilie, Schmuserbois und Oregano zerkleinern.

2. ANBRATEN

Sadbois und Yung Sadbois in viel Butter 3 Minuten lang anbraten.

Reis, Kräuter und Kürbis hinzufügen und 1 Minute lang anbraten.

Ein wenig Muskatnuss dazureiben. Mit Wein ablöschen.

3. KOCHEN

Wie bei jedem Risotto: Immer mehr Brühe hinzufügen und umrühren bis deine Hand weh tut. Hand wechseln und weiter umrühren.

4. ANRICHTEN

Herd abdrehen. Gruyère und Parmesan reiben und hinzufügen. Verrühren.

Rinde vom Camembert entfernen und ihn in kleine Würfel schneiden. Ebenfalls hinzufügen und verrühren.

Abschmecken.

ABSCHMECKEN SCHMECKT

Was glaubst du, warum das Essen in guten Restaurants so gut schmeckt? Weil es „abgeschmeckt" wird, oft mit einer Menge Butter, von der sich eine durchschnittliche Familie wochenlang ernähren könnte. Und wenn Käse und frische Kräuter dazukommen, ist die Geschmacksexplosion garantiert. Boom.

BUTTER

Die Lieblingsoption beim Abschmecken. Führt dazu, dass dein Risotto cremiger, glänzender und geiler wird. Erst hinzufügen, nachdem du mit dem Kochen fertig bist.

PARMESAN

Parmesan ist nicht nur geil und umamireich (mit ganz viel natürlichem Glutamat), sondern auch laktosefrei.

GEWÜRZE

Falls du zum Schluss merkst, dass dein Risotto noch verfeinert gehört, kannst du z.B. Pfeffer oder das weltberühmte Salz von der Oma dazugeben.

KRÄUTER

Gewisse Kräuter (z.B. Koriander und Basilikum) sind sehr hitzeempfindlich und sollten deswegen erst ganz am Ende hinzugefügt werden.

CREMIGES

Falls dein Risotto nicht cremig genug ist, kannst du etwas Cremiges dazugeben. Das hinzugefügte Cremige macht es noch cremiger.

ZITRONENSAFT

Macht dein Risotto erfrischender. Aber Achtung: Zitronensaft solltest du am besten erst beim Servieren dazugeben.

ALKOHOL

Im Gegensatz zu Butter und Kräutern sollte das Getränk ein bisschen mitgekocht werden, damit der Alkohol verdampft wird. Schade.

OLIVENÖL

Weil die Menge Olivenöl, die du ursprünglich dazugegeben hast, einfach nicht ausreicht. Auch nicht, wenn es eine ganze Flasche war.

ARANCINI

DAS RISOTTO VON
GESTERN WIRD
KNUSPRIG GERETTET

| RISOTTO VON GESTERN | EIER | WEIZENMEHL | SEMMELBRÖSEL | MOZZARELLA | TOMATEN | PAPRIKA | BASILIKUM |

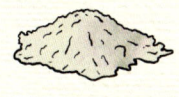

1. VORBEREITEN

Tomaten, Paprika, Basilikum und Mozzarella sehr klein schneiden und in einer Schüssel mischen.

Eier in einer anderen Schüssel aufschlagen.

2. FORMEN

Risotto von gestern aus dem Kühlschrank rausholen.

Reisbällchen formen. Kleingeschnittenes mit dem Finger hineindrücken und Bällchen wieder schließen.

3. PANIEREN

Bällchen zuerst in Weizenmehl vollständig eintunken, dann in die Eiermischung und zum Schluss in Semmelbrösel.

Falls du eine dickere Kruste haben möchtest, kannst du den Vorgang einmal wiederholen.

4. FRITTIEREN

Die panierten Bällchen in heißem Öl oder Butterschmalz frittieren.

Alternativ: Bällchen in einer Heißluftfritteuse ausbacken.

„NICHT DIE VERZWEIFLUNG BESTIMMT DEN HUNGER, SONDERN DER HUNGER
BESTIMMT DIE VERZWEIFLUNG"

KARL MARX, MAI 1870

KAPITEL NEUN

PASTA

KOHLENHYDRATE SIND DEINE RELIGION

Halleluja! Jetzt bist du Teil der köstlichsten Religion der Welt: Die Kohlenhydraten-Kürche. In dieser Religion geht es nicht darum, nach dem Tod in den Himmel zu kommen, sondern ihn direkt auf Erden zu erleben. Und zwar mit jeder Mahlzeit.

In diesem Kapitel lernst du, welche Pastasorten es gibt, wie sie gekocht werden sollen und wie du sie zuhause selbst herstellen kannst.

Zusätzlich findest du heraus, wie man eine gesegnete Soße zubereitet - mit diversen Flüssigkeiten, Gewürzen und Toppings, die direkt aus dem Himmel kommen.

Anschließend findest du göttliche Rezepte, Antworten auf wichtige Lebensfragen und eine Anleitung zum heiligsten Ritual von allen: Dem Überbacken.

Aber Achtung! Die Kürche hat seit 1997 nichts mehr mit der Kirche des Fliegenden Spaghettimonsters zu tun - diese ist lediglich eine abgespaltene Sekte. Denn an Monster glauben wir nicht. Aber dafür an den Teufel, der auf Erden als „Glutenintoleranz" oder „Low-Carb-Diät" höchstpersönlich verkörpert wird.

GENESIS

Im Anfang schuf Gott Himmel und Küche.

Die Küche aber war wüst und wirr, Hunger lag über der Urflut und Gottes Geist schwebte über dem Nudelwasser.

Gott sprach: Es werde Licht. Und es wurde Licht. Gott sah, dass das Licht gut war. Gott schied das Licht von der Finsternis und Gott nannte das Licht Herdplatte und die Finsternis nannte er Kühlschrank.

Es wurde Abend und es wurde Morgen: erster Tag.

Dann sprach Gott: Ein Gewölbe entstehe mitten im Wasser und scheide Wasser von Wasser. Gott machte also das Gewölbe und schied das Wasser unterhalb des Gewölbes vom Dampf oberhalb des Gewölbes. So geschah es und Gott nannte das Gewölbe Topf.

Es wurde Abend und es wurde Morgen: zweiter Tag.

Dann sprach Gott: Das Land lasse junges Grün wachsen, alle Arten von Pflanzen, die Weizenmehl tragen, und von Bäumen, die auf der Erde Nudeln bringen mit ihren Kohlenhydraten darin. So geschah es. Gott sah, dass es gut war.

Es wurde Abend und es wurde Morgen: dritter Tag.

Dann sprach Gott: Töpfe sollen am Herd sein, um Gekochtes und Ungekochtes zu scheiden. Sie sollen Werkzeuge sein und zur Veränderung von Festigkeit, von Biss und Geschmack dienen; sie sollen Nudeln am Wassergewölbe kochen, die über das Wasser hin riechen. So geschah es.

Es wurde Abend und es wurde Morgen: vierter Tag.

Gott schuf alle Arten von Tomaten und anderen Lebewesen, von denen die Soße wimmelt, und alle Arten von leckeren Flüssigkeiten. Gott sah, dass es gut war.

Gott segnete sie und sprach: Seid lecker und kocht euch und bevölkert die Soße im Topf und die Nudeln sollen sich in dem Kochwasser aufkochen.

Es wurde Abend und es wurde Morgen: fünfter Tag.

Dann sprach Gott: Lasst uns Köche machen als unser Abbild, uns ähnlich. Sie sollen herrschen über die Frische der Zutaten, über die Cremigkeit der Soße, über das Gemüse, über die ganze Pasta und über alle Kräuter in der Küche. Gott schuf also den Koch als sein Abbild; als Abbild Gottes schuf er ihn. Als Koch und Köchin schuf er sie.

Gott sah alles an, was er gemacht hatte: Es war sehr gut. Es wurde Abend und es wurde Morgen: der sechste Tag.

So wurden Nudeln und Soße vollendet und ihr ganzes Gefüge.

Und Gott segnete den siebten Tag und erklärte ihn für heilig; denn an ihm ruhte Gott, nachdem er das ganze Essen mit zusätzlichem Käse vollendet hatte.

Das ist die Entstehungsgeschichte von Nudeln und Soße, als sie erschaffen wurden.

PASTAGERICHTE IN 4 SCHRITTEN

1.PASTA

Die Verkörperung Gottes. Wer viel Pasta isst, wird nicht nur in den Himmel kommen, sondern auch die besten Sitzplätze der Wolken erhalten.

2. SOßE

Das Blut Christi war nicht Rotwein, sondern eine köstliche Tomatensoße.

3. TOPPINGS

Toppings wie Käse, Gemüse oder Pilze können auch Mitglieder der Kürche werden. Dafür muss man sie aber in Soße, Öl oder Butter taufen.

4. ÜBERBACKEN

Diese Religion verbrennt keine Hexen, sondern nur noch Käse. Einfach Mozzarella über das fertige Gericht streuen und mit dem heiligen Feuer gratinieren.

WICHTIGES AUS DER KÜRCHE

MACHEN VS KAUFEN

Gekaufte Pasta schmeckt nicht unbedingt schlechter als selbstgemachte. Dafür ist sie aber deutlich schneller fertig.

KÜRCHEN-STEUER

Die gute Nachricht: Hier zahlst du keine Kürchensteuer! Die schlechte Nachricht: Du musst trotzdem Mehrwertsteuer zahlen, wenn du Zutaten kaufst.

DIE KÜRCHE WELTWEIT

Auch in Asien werden heilige Nudelgerichte täglich zubereitet. In diesem Buch beschäftigen wir uns mit der westlichen Variante dieser köstlichen Religion.

LIEBE FÜR ALLE

Die Kürche diskriminiert nicht. Hier dürfen alle Zutaten, die sich lieben und miteinander gut schmecken, gesegnet werden.

1. PASTA

SPAGHETTI

Gründungsmitglied der Kürche. Verfügte über große Beliebtheit und gründete in einem messianischen Größenwahn 1997 selbst eine eigene, alternative Religion.

BAND

Bandnudeln und andere breite Nudeln haben große musikalische Ambitionen und musizieren jeden Freitag in der Kürche.

SPIRAL

Spiralnudeln (z.B. Fusilli) verkörpern das verdrehte Weltbild von Menschen, die nicht täglich Pasta essen wollen. Diese gilt es zu konvertieren.

ROHR

Rohrnudeln (z.B. Penne) werden oft von italienischen Pfarrern verwendet, um psychotrope Pilze von unschuldigen Schildkröten zu stehlen. Die Pilze kommen schließlich ins Weihwasser.

GEFORMT

Nudeln, die operative Funktionen in der Kürche erfüllen. Ein Beispiel: Bevor das Internet erfunden wurde, brachten Buchstabennudeln direkte Nachrichten aus dem Himmel.

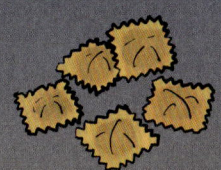

GEFÜLLT

Nudeln, die Ungläubige mit viel Liebe konvertieren wollen und sie dabei ganz fest umarmen, bis sie zu einer köstlichen Teigtasche werden.

LASAGNE

Gott wollte die Erde ursprünglich nicht als Kugel oder Scheibe schaffen, sondern als eine große Lasagne. Die tektonischen Platten wären Lasagneblätter. Und Magma? Das wäre einfach eine heiße Bolognese.

GNOCCHI

Offiziell sind Gnocchi nicht wirklich Pasta. Aber die Kürche ist eine offene Gemeinschaft, die auch andere Arten von kohlenhydratigen Speisen mit offenem Mund aufnimmt. Herzlich Willkommen!

PASTA SELBST MACHEN

WEIZENMEHL, EIER, SALZ VON DER OMA, NOCH MEHR MEHL

Falls du eigenhändig das Tor zum Himmel öffnen willst, kannst du versuchen, deinen Pastateig selbst zu machen. Obwohl es im Internet und in Kochbüchern unendlich viele Teigrezepte gibt, benötigen diese oft ein Nudelholz, eine Pastamaschine, ein Flugzeug, ein Atomkraftwerk und 25 Stunden Zubereitungszeit. Bei diesem Rezept hingegen brauchst du nur ein Nudelholz, einen Pizzaschneider, einen Ort zum Trocknen und 2 Stunden Zubereitungszeit.

1. VULKAN

Auf einer sauberen Oberfläche einen kleinen Vulkan aus Weizenmehl erschaffen. Eier in den Vulkankrater geben.

2. MISCHEN

Eier mit einer Gabel aufschlagen und langsam Mehl mit der Gabel hinzufügen, bis die Eier nicht mehr flüssig sind.

3. KNETEN

Masse mit der Hand kneten und langsam mehr Mehl hinzufügen, bis der Teig nicht mehr klebrig ist.

4.CHILLEN

Teig in einer Schüssel mit Folie abdecken und mindestens 30 Minuten lang im Kühlschrank chillen lassen.

5. AUSROLLEN

Teig halbieren. Mehl auf die Arbeitsfläche streuen. Teig anschließend mit einem Nudelholz dünn ausrollen.

6. SCHNEIDEN

Ausgerollten Teig mit einem Pizzaschneider (oder doch mit der Pastamaschine) in Streifen schneiden.

7. TROCKNEN

Teig auf einer Schnur, einem Wäscheständer oder einem Nudeltrockner 15-30 Minuten trocknen lassen.

8.KOCHEN

Pasta in kochendem Salzwasser taufen und kochen, bis sie die gewünschte Konsistenz erreicht hat.

GNOCCHI SELBST MACHEN

SPEZIELL VON DER NONNA

KARTÄPFEL, WEIZENMEHL, WEIZENGRIEß, EIER, NOCH MEHR MEHL

Gekaufte Nudeln werden in dieser Religionsgemeinschaft anerkannt und akzeptiert. Gekaufte Gnocchi allerdings nicht. Aber keine Sorge. Hier wirst du lernen, wie die Nonna ihre Gnocchi mit vier einfachen Zutaten zubereitet. Und jetzt fragst du dich: Was ist der Unterschied zwischen der Oma und der Nonna? Die Antwortet lautet: Keiner. Die Oma hat während ihrer Zeit im heiligen Land (Italien) den Spitznamen „Nonna" erhalten.

1. KARTÄPFEL

Kartäpfel schälen, in Würfel schneiden und in Salzwasser kochen, bis sie komplett und absolut weich sind.

2. PRESSEN

Kartäpfel mit einer Kartäpfelpresse, einem geheimen Video oder Fotos aus der Jugend (er)pressen.

3. VULKAN

Kartäpfelberg auf einer Arbeitsplatte oder einem Brett bauen. Einen Krater in der Mitte formen. Eier und Grieß hineingeben.

4. MISCHEN

Gepresste Kartäpfel, Grieß und Eier mit der Hand vermischen und kneten. Mehl langsam hinzufügen, bis die Mischung nicht mehr klebt.

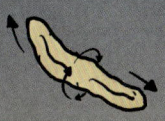

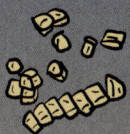

5. AUSROLLEN

Stücke vom Teig abschneiden und mit der Hand ausrollen, bis sie ca. 2cm Durchmesser haben.

6. BÄLLCHEN

Teigrollen mit einem Messer ungefähr gleich groß schneiden. Anschließend kleine Bällchen mit der Hand formen.

7. WELLEN

Bällchen mit Hilfe einer Gabel oder eines Gnocchibretts „wellig machen". 384.000x wiederholen.

8. KOCHEN

In Salzwasser kochen, bis die Bällchen im Wasser aufsteigen. Empfehlung: Davor nur ein Bällchen kochen, um die Konsistenz zu testen.

2. SOßE

A. BASIS

Eine Menge an Zutaten, die oft in Butter oder Olivenöl angebraten werden. Am häufigsten sind das Sadbois und Schmuserbois.

B. WÜRZIGES

Damit deine Soße von der Nonna höchstpersönlich gesegnet wird, musst du ihre heiligen Kräuter & Gewürze verwenden.

C. FLÜSSIGES

Damit deine Soße wirklich soßig wird, musst du eine Flüssigkeit hinzufügen, z.B. die Tränen von Menschen auf Low-Carb-Diät.

D. VERDICKEN

Idealerweise solltest du Basis, Gewürze und Flüssiges mit einem Mixer pürieren. Oder mit den Methoden aus Kapitel 6 (Suppen) verdicken.

ARTEN VON SOßEN

ROT

Soßen, die Tomaten als Basis haben. Für die Alkoholiker/innen: Bloody Mary wird auch als Tomatensoße anerkannt.

WEIß

Soßen, die aus den Erzeugnissen von heiligen Kühen, Sojakühen oder Haferkühen bestehen.

GRÜN

Soßen mit frischen Kräutern aus dem Garten Eden, wie z.B. Pesto, Pesto, Pesto, Pesto, Pesto und Pesto.

ÖLIG

Soßen, die eigentlich keine Soßen sind, sondern nur Zutaten, die reichlich in Butter oder Olivenöl angebraten wurden.

A. BASIS

SADBOIS

Sehr treue Anhänger. Bei fast jeder Messe (und jedem Abendmahl) dabei.

SCHMUSERBOIS

Gehen nur in die Kürche, um mit anderen Zutaten zu schmusen.

LAUCH

Nachdem er im Fitnessstudio scheiterte, will er nun in der Kürche den Sinn des Lebens finden.

PAPRIKA

Verkörpert durch ihre verschiedenen Farben die Dreifaltigkeit Gottes.

TOMATEN

Auch sehr treue Anhänger. Seit mehr als 50 Jahren sogar heilig gesprochen.

SELLERIE

Will nicht mehr für Low-Carb-Diäten missbraucht werden.

YUNG SADBOIS

Zu jung, um eine religiöse Entscheidung zu treffen, aber trotzdem dabei.

PILZE

Mit den richtigen Pilzen kannst du mit Gott persönlich sprechen.

EINGELEGTES

Zum Beispiel Tomaten, die in Keuschheit leben und deswegen trocken sind.

NÜSSE/KERNE

Vor allem für Pesto & Soßen, die aus dem Garten Eden stammen.

SEMMELBRÖSEL

Falls du kein Budget für Nüsse/Kerne hast und trotzdem Pesto machen willst.

HARTKÄSE

Für manche das größte Geschenk Gottes: Käse ohne Laktose.

B. WÜRZIGES

„SALZ"

Gesegnet von der
Nonna. Bei jeder
Messe verpflichtend.

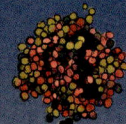

PFEFFER

Egal ob rot, weiß,
grün oder schwarz.
Hier gibt es keine
Diskriminierung.

KREUZKÜMMEL

Passt, anders als sein
Cousin Kümmel, zu
fast jeder Soße.

MUSKATNUSS

Ideal, um milde Soßen
abzurunden - oder
rote Soßen kräftiger
zu machen.

ZIMT

Für viele die größte
Überraschung in der
Kürche. Passt sehr gut
zu Tomatensoßen.

KORIANDER

Macht vor allem
weiße Soßen viel
erfrischender.

PETERSILIE

Am besten frisch oder
gefroren. Passt zu fast
jedem Gericht.

BASILIKUM

Immer frisch und
erst zum Schluss
dazugeben, sonst
verliert er an
Geschmack.

ROSMARIN

Am besten frisch
und in ganzen
Stücken - so bleibt er
aromatischer.

THYMIAN

Kann jede Soße
segnen. Thymi-amen.

OREGANO

Frisch oder getrocknet:
Oregano ist ein Muss
in der Kürche.

SCHNITTLAUCH

Geht sowohl frisch, als
auch gefroren.

C. FLÜSSIGES

MEHR ÖL

Wenn Gott glücklich ist, regnet es Olivenöl auf die Erde.

MEHR BUTTER

Wenn Gott noch glücklicher ist, schneit es Butter auf die Erde.

TOMATIGES

Tomaten, die nach 4 Stunden in der Messe noch weicher wurden.

BRÜHE

Bringt den Geschmack von Gemüse, das gerne selbst dabei wäre.

HAFERMILCH

Für Veganer/innen, die eine zweite Religion annehmen möchten.

SOJAMILCH

Für Veganer/innen, die Crossfit machen und mehr Protein brauchen.

KUHMILCH

Nicht nur im Hinduismus sind Kühe heilig. Denn aus Milch entsteht heiliger Käse.

CREMIGES

Wie Kuh-/Hafer-/ Sojamilch, nur kalorienreicher, dicker und cremiger.

WEIN

Das allerheiligste Getränk. Wird oft von Propheten vermehrt.

FRISCHKÄSE

Es wird vermutet, dass Wolken in Wahrheit aus Frischkäse bestehen.

WEICHKÄSE

Nicht wirklich flüssig. Aber er schmilzt ganz schnell. Also doch flüssig.

WASSER

Wenn deine Soße zu dick ist, kannst du auch eine Sintflut auslösen.

3. TOPPINGS

SADBOIS

Finden in der Kürche genug Trost, um ab und zu auch glücklich sein zu können.

TOMATEN

Die heiligen Tomaten spielen eine wichtige Rolle in der Kürche.

PILZE

Führen zu bunten Visionen aus dem Himmel.

PAPRIKA

Wurde in einigen Ländern offiziell heilig gesprochen.

FETA

Verbringt verdächtig viel Zeit mit Spinatblättern im Beichtstuhl.

MOZZARELLA

Macht jede Soße um einiges käsiger, klebriger und gesegneter.

BLAUKÄSE

Blau wie der Himmel. Intensiv wie die Hölle.

WEICHKÄSE

Weichkäse gilt als Topping, wenn er zum Schluss hinzugefügt wird. Bis er wieder schmilzt.

CHILI

Die Geheimwaffe des Teufels. Wird von Gott zum Glück geduldet.

EINGELEGTES

Gründungsmitglieder einer konservativen Teilorganisation („Die Konserven").

HARTKÄSE

Der laktosefreie Weg, schneller in den Himmel zu kommen.

YUNG SADBOIS

Die Jugendgruppe der Kürche.

KRÄUTER

Kräuter zu rauchen ist in der Kürche keine Sünde, sondern ein Gebot.

MELANGINE

Für eine religionskonforme Fortpflanzung.

ZUCCHINI

Für eine besonders religionskonforme Fortpflanzung.

BLUMENCOOL

Wer hat gesagt, dass Religion nicht cool sein darf?

NUSSIGES

Machen deine Soße knackiger, bissiger und, ähm, nussiger.

SOJA"FLEISCH"

Weil Kühe ja heilig sind. Einfach in Warmwasser oder Brühe einweichen.

KÜRBIS

Pflicht-Topping im Herbst, sonst landest du in der Hölle.

SPARRRRGEL

Pflicht-Topping im Frühsommer, sonst landest du in Hannover.

SPINAT

Verbringt verdächtig viel Zeit mit dem Feta im Beichtstuhl.

ERBSEN

Manche mögen sie, viele hassen sie. Aber die Kürche nimmt jede/n auf.

EIER

Was kam zuerst? Das Ei oder die existenziellen Fragen?

HASENFUTTER

Falls du es schon vergessen hast: Ostern sind religiöse Feiertage.

4. ÜBERBACKEN

1. KOCHEN

Pasta und Soße getrennt zubereiten, als würdest du ein ganz normales Pastagericht kochen.

2. MISCHEN

Pasta und Soße ganz normal mischen und merken, dass sie noch nicht ganz im Himmel angekommen sind.

3. ZUDECKEN

Gericht mit einer abnormalen Menge Käse zudecken und hoffen, dass du es so retten kannst.

4. BACKEN

Bei 200 Grad ca. 15 Minuten lang saunieren lassen, bis der Käse nicht nur geschmolzen, sondern auch knusprig ist.

WAS MAN DRAUFGEBEN KANN

KÄSE

Gebot für jedes überbackene Gericht: Käse. Meistens Mozzarella. Meistens gerieben. Aber nicht immer.

BECHAMEL

Sehr beliebt bei Lasagnen und sonstigen tomatigen Gerichten, die doch ein bisschen cremiger werden wollen.

BRÖSEL

Macht dein überbackenes Gericht um einiges knuspriger und interessanter. Aber Achtung: Die Brösel müssen davor mit Butter angebraten werden.

GEMÜSIGES

Heilig und fit! Schmeckt nicht nur gut, sondern vermittelt auch den Eindruck, dass das Gericht doch ganz kalorienarm ist.

BEICHTSTUHL

DIE RELIGIÖSE SELBSTHILFEZENTRALE

WIE VIEL PASTA SOLL ICH PRO PERSON KOCHEN?	MUSS ICH ÖL ZUM NUDELWASSER DAZUGEBEN?	WIE LANGE SOLL ICH MEINE NUDELN KOCHEN?	KANN ICH DIE NUDELN IN DER SOßE KOCHEN?

WIE VIEL PASTA SOLL ICH PRO PERSON KOCHEN?

Wenn es um selbstgemachte Nudeln geht, sollte man mit ca. 150g Mehl und 1,5 Eiern pro Person rechnen (100g Mehl für die Basis und 50g für die weitere Zubereitung).

Wenn es um gekaufte harte Nudeln geht, sollte man mit ca. 100g bis 150g pro Person rechnen, je nachdem, wie hungrig man ist und wie deftig die Soße wird.

Anders formuliert: Eine typische Nudelpackung (500g) reicht in der Regel für 4 Personen aus.

MUSS ICH ÖL ZUM NUDELWASSER DAZUGEBEN?

Nein. Das führt nur dazu, dass sich die Nudeln ins Öl verlieben und sich dann nicht mehr mit der Soße binden wollen.

Das Nudelwasser, wie Gott es erschaffen hat, besteht pro 100g Nudeln aus einem Liter Wasser und einem Esslöffel Salz von der Oma. Nicht mehr und nicht weniger.

Der Grund, warum Nudeln aneinander kleben, ist nicht die Abwesenheit von Öl, sondern die Abwesenheit von Nudelwasser.

WIE LANGE SOLL ICH MEINE NUDELN KOCHEN?

Selbstgemachte Nudeln und Gnocchi werden in der Regel so lange gekocht, bis sie im Kochwasser aufsteigen. Das dauert meist 3-5 Minuten.

Bei gekauften Nudeln hingegen solltest du am besten die Verpackung aus dem Müll herausholen und überprüfen, welche Kochzeit empfohlen wird.

Falls die Verpackung bereits zu tief im Müll vergraben ist, kannst du die Nudeln auch einfach immer wieder probieren, bis sie die richtige Konsistenz erreicht haben.

KANN ICH DIE NUDELN IN DER SOßE KOCHEN?

Ja, kannst du! Aber hier musst du darauf achten, dass deine Soße besonders flüssig ist und alle Zutaten den gesamten Kochvorgang überleben können.

Wenn du deine Nudeln z.B. in einer Käsesoße kochen willst, ist die Wahrscheinlichkeit, dass der Käse plötzlich am Topfboden klebt, relativ hoch.

Deswegen solltest du Käse am besten erst zum Schluss hinzufügen.

DIE SOßE JESU

 PASTA ODER GNOCCHI	SADBOIS	SCHMUSERBOIS	 ROSMARIN

TOMATEN	 PETERSILIE	 OREGANO	OLIVENÖL

DOSENTOMATEN	SALZ VON DER OMA	CHILI FLOCKEN	PFEFFER

1. VORBEREITEN

Schmuserbois und Sadbois schälen und klein schneiden.

Rosmarin, Petersilie und Oregano mit einem Mörser, ähm, mörsen.

Tomaten würfeln.

Pasta in Salzwasser kochen.

2. ANBRATEN

Sadbois, Schmuserbois und Kräuter in einer Pfanne 3 Minuten lang mit Öl anbraten.

Tomatenwürfel hinzufügen und weitere 3 Minuten lang anbraten.

Dosentomaten und Gewürze dazugeben. Für 5 Minuten kochen.

3. PÜRIEREN

Mischung mit einem Stabmixer pürieren.

Mit einer beliebigen Nudelsorte servieren.

Oder als Dip verwenden.

Oder mit Vodka mischen und als Bloody Mary trinken.

HEILIGER TIPP

Falls du deine Tomatensoße noch geiler machen willst, kannst du auch folgendes dazugeben:

- Stangensellerie
- Lauch
- Hasenfutter
- Yung Sadbois
- Zimt
- Kreuzkümmel

KUHFREIE BOLOGNESE

KÜHE SIND IN DER KÜRCHE ZU HEILIG, UM GEGESSEN ZU WERDEN

| PASTA ODER GNOCCHI | SOJA"FLEISCH" | SADBOIS | SCHMUSERBOIS | HASENFUTTER | ROTWEIN | DOSENTOMATEN | ZUCKER |

| KREUZKÜMMEL | ZIMT | MUSKATNUSS | PETERSILIE | SUPPENWÜRFEL | OLIVENÖL | SALZ VON DER OMA |

1. VORBEREITEN

Gleich am Anfang Soja"fleisch" in heißem Salzwasser einweichen.

Sadbois und Hasenfutter sehr klein würfeln.

Pasta in Salzwasser kochen.

Schmuserbois pressen.

2. KOCHEN

Sadbois, Schmuserbois und Hasenfutter in einer Pfanne mit Olivenöl ca. 5-10 Minuten lang anbraten.

Mit Rotwein ablöschen. Tomaten, Petersilie, Suppenwürfel, Zucker und Gewürze hinzufügen. 10 Minuten lang kochen.

3. „FLEISCHEN"

Soja"fleisch" mit einem Sieb abtropfen lassen und danach unter fließendem Wasser waschen.

Soja"fleisch" zur flüssigen Mischung dazugeben und 5-10 Minuten lang kochen.

Mit der Pasta mischen.

KNACKIGER TIPP

Um deine Bolognese bissiger und knackiger zu machen, kannst du Mandeln klein schneiden und in Schritt 2 gemeinsam mit den Sadbois, Schmuserbois und Hasenfutter anbraten.

„GARTEN EDEN"-PESTO

ADAM UND EVA HABEN
NICHT NUR ÄPFEL
GERAUCHT

KLASSISCH	MIT BRÖSELN	MIT CASHEWWW	MIT KORIANDER

KLASSISCH

BASILIKUM   PARMESAN

PINIENKERNE   OLIVENÖL

SALZ VON DER OMA   SCHMUSERBOIS

1. Parmesan reiben. Pinienkerne und Basilikum grob schneiden. Schmuserbois pressen.

2. Parmesan, Basilikum, Pinienkerne, Schmuserbois und Salz von der Oma mit einem Mixer pürieren. Dabei Olivenöl langsam hinzufügen.

MIT BRÖSELN

BASILIKUM   PARMESAN

SEMMELBRÖSEL   OLIVENÖL

MINZE   SCHMUSERBOIS

SALZ VON DER OMA   EISWÜRFEL

1. Parmesan reiben. Basilikum grob schneiden. Schmuserbois pressen.

2. Alle Zutaten gemeinsam mit einem Mixer pürieren.

MIT CASHEWWW

BASILIKUM   PARMESAN

CASHEWWWW   OLIVENÖL

SALZ VON DER OMA   SCHMUSERBOIS

PETERSILIE

1. Parmesan reiben. Cashewwww, Petersilie und Basilikum grob schneiden. Schmuserbois pressen.

2. Alle Zutaten gemeinsam mit einem Mixer pürieren.

MIT KORIANDER

KORIANDER   PARMESAN

CASHEWWWW   OLIVENÖL

AVOKATJAS   ZITRONENSAFT

SALZ VON DER OMA   SCHMUSERBOIS & SADBOIS

1. Avokatjas schälen und in Würfel schneiden. Parmesan reiben. Schmuserbois und Sadbois klein schneiden. Zitronen pressen.

2. Alle Zutaten mit einem Mixer pürieren.

KÄSIGE DREIFALTIGKEIT

GELIEBT VON
VATER, SOHN
UND GEIST. AMEN

| PASTA ODER GNOCCHI | SCHMUSERBOIS | SADBOIS | CREMIGES | BLAUKÄSE | PARMESAN | MOZZARELLA | WEISSWEIN |

| BUTTER | PFEFFER | SALZ VON DER OMA | OREGANO | CHILIFLOCKEN | MEHR MOZZARELLA |

1. VORBEREITEN

Sadbois schälen und sehr klein schneiden.

Schmuserbois schälen und pressen.

Parmesan reiben. Rinde vom Blaukäse entfernen. Mozzarella und Blaukäse klein schneiden.

Pasta kochen.

2. ANBRATEN

Schmuserbois und Sadbois in Butter anbraten, bis sie goldgelb werden.

Mit Weißwein ablöschen.

Cremiges, Oregano, Salz von der Oma und Gewürze hinzufügen. 2-3 Minuten lang kochen.

3. KÄSEGNEN

Blaukäse, Parmesan und Mozzarella zur Mischung hinzufügen.

Bei niedriger Hitze rühren, bis der gesamte Käse geschmolzen ist.

Kosten und nachwürzen.

4. ÜBERBACKEN

Käsige Soße und Pasta mischen und in eine Backform geben.

Mehr Mozzarella darüberstreuen.

15 bis 20 Minuten lang bei 200 Grad überbacken.

PILZ-PILGERER

EIN PSYCHOTROPES
REZEPT FÜR LANGE
PILGERFAHRTEN

PASTA ODER GNOCCHI	SADBOIS	YUNG SADBOIS	CHAMPIGNONS	SCHMUSERBOIS	OLIVENÖL	WEISSWEIN	CREMIGES

MOZZARELLA	PARMESAN	CAMEMBERT	SALZ VON DER OMA	OREGANO	PFEFFER

1. VORBEREITEN

Sadbois, Yung Sadbois, Champignons und Schmuserbois klein schneiden.

Pasta in Salzwasser kochen.

Camembert schälen und grob schneiden. Parmesan reiben. Mozzarella klein schneiden.

2. ANBRATEN

Sadbois, Yung Sadbois, Champignons (halbe Menge), Schmuserbois, Pfeffer, Salz von der Oma und Oregano mit Olivenöl anbraten.

Mit Weißwein und Cremigem ablöschen.

Probieren und nachwürzen.

3. KÄSEGNEN

Mischung mit einem Mixer pürieren.

Mozzarella, Parmesan und Camembert zur Mischung dazugeben. Kochen lassen, bis der gesamte Käse geschmolzen ist.

4. TOPPEN

Die restlichen Champignons in einer separaten Pfanne mit Salz von der Oma und Olivenöl anbraten. Mit Soße und Pasta mischen.

PAPA-PAPRIKA

GESEGNET VON
GOTT: DEM
OBERSTEN DADDY

PASTA ODER GNOCCHI	PAPRIKA (VIEL)	SCHMUSERBOIS	MILCHIGES ODER CREMIGES	SADBOIS	BUTTER	WEIZENMEHL	SALZ VON DER OMA

1. BACKEN

Paprika waschen und ungeschnitten sehr lange backen, bis die Schale leicht verbrannt aussieht.

Paprika mit einer Gabel mehrmals stechen, bis die heiße Luft entwichen ist.

Paprika schälen und entkernen.

Pasta in Salzwasser kochen.

2. ANBRATEN

Schmuserbois pressen. Sadbois klein schneiden.

Sadbois und Schmuserbois in Butter goldgelb anbraten.

Geschälte Paprika hinzufügen und anbraten.

Probieren und ggf. Salz von der Oma hinzufügen.

3. VERDICKEN

In einer separaten Pfanne eine Einmach aus Butter, Mehl und Milchigem zubereiten.

Einmach und Gebratenes mischen und mit einem Mixer pürieren.

Falls die Soße zu dick ist, mehr Milchiges hinzufügen.

Mit der Pasta mischen. Kräuter und Paprikastücke als Deko hinzufügen.

HINWEIS

Unter „Milchiges" versteht man Kuhmilch, Sojamilch, Hafermilch, etc.

Unter „Cremiges" versteht man Obers/Sahne, Frischkäse, Mascarpone, Crème Fraîche, etc.

MAC & CHEESUS

WENN JESUS CHRISTUS
UND STEVE JOBS
GEMEINSAM KOCHEN

MACCHERONI	WEISSWEIN	GRUYÈRE	CHEDDAR	MOZZARELLA	PARMESAN	BUTTER	SEMMELBRÖSEL

SADBOIS	SCHMUSERBOIS	CREMIGES	MUSKATNUSS	KREUZKÜMMEL	WEIZENMEHL	SALZ VON DER OMA	PFEFFER & CHILI-FLOCKEN

1. SOSSEN

Schmuserbois und Sadbois schneiden & in Butter anbraten.

Cremiges, Pfeffer, Chiliflocken, Muskatnuss, Kreuzkümmel, Salz und Weizenmehl hinzufügen. Für 5 Minuten kochen.

Mit einem Mixer pürieren.

2. KÄSEGNEN

Gekochte Maccheroni in einer Pfanne mit Butter anbraten. Weißwein hinzufügen.

Soße hinzufügen, alle Käsesorten reiben oder klein schneiden und bei niedriger Stufe dazumischen, bis der gesamte Käse geschmolzen ist.

3. BRÖSELN

Butter in einer separaten Pfanne erhitzen, bis sie geschmolzen ist.

Semmelbrösel und Salz von der Oma dazugeben.

Anbraten, bis die Brösel goldbraun und knusprig werden.

4. ÜBERBACKEN

Pasta-Soße-Mischung in eine Backform geben. Brösel darüberstreuen, bis eine dicke Bröselschicht entstanden ist.

45 Minuten lang bei 180 Grad überbacken.

MARIA MELANSAGNE

BEGLEITERIN DER
LASAGNE UND ZEUGIN
DER ÜBERBACKUNG

| LASAGNEBLÄTTER | SADBOIS | SELLERIE | YUNG SADBOIS | LAUCH | PAPRIKA | DOSENTOMATEN | ZUCKER |

| SALZ VON DER OMA | KREUZKÜMMEL | ZIMT | PROSECCO/WEIN | MELANGINEN | OLIVENÖL | MOZZARELLA | KRÄUTER |

1. ANBRATEN

Sadbois, Sellerie, Yung Sadbois, Lauch, Paprika und Kräuter (z.B. Schnittlauch, Petersilie oder Basilikum) klein schneiden und in Olivenöl anbraten.

Dosentomaten, Salz, Kreuzkümmel, Zimt, Zucker und Prosecco/Weißwein hinzufügen. 10 bis 15 Minuten lang kochen.

2. PÜRIEREN

Gekochte Mischung mit einem Mixer pürieren.

Probieren und nachwürzen.

3. MELANGINEN

Melanginen in Olivenöl, Wasser und Salz von der Oma anbraten, bis sie eine weiche Konsistenz bekommen.

Lasagneblätter nach bedarf vorkochen.

4. BACKEN

Schichten aus Melanginen, Mozzarella, Soße und Lasagneblättern in einer Backform zusammenbauen.

Als letzte Schicht mehr Mozzarella darüberstreuen. Mindestens 30 Minuten lang bei 180 Grad backen.

„GOTT IST KÖSTLICH"

– FRIEDRICH NIETZSCHE, DEZEMBER 1875

QUICHE

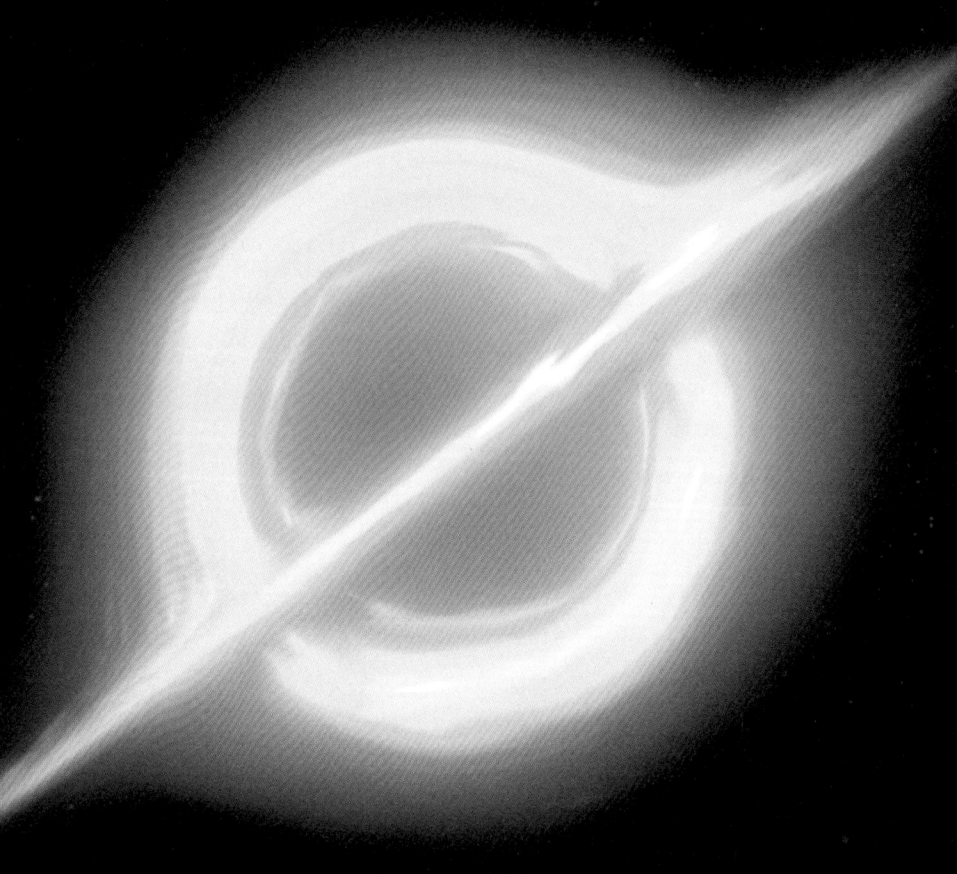

RELIGION UND WISSENSCHAFT KOMMEN ZUSAMMEN

Wie schmeckt das Weltall? Nach aktuellen wissenschaftlichen und religiösen Erkenntnissen besteht unser Universum hauptsächlich aus Materie, dunkler Materie und dunkler Energie, in einer großen, flachen und expandierenden Quiche.

Dies hat Gott in seiner letzten Podcast-Folge persönlich bestätigt. Er hatte vor knapp 13,8 Milliarden Jahren, nachdem er zwei Majoran-Joints gekifft und dabei eine Parallelrealität namens „Bielefeld" erschaffen hatte, einen riesigen Hunger.

Wie wir alle wissen, wird Gott im Rausch äußerst kreativ. Um diesen Hunger zu stillen, erfand er ein Rezept, das eine gewaltige Geschmacksexplosion verursachte. Dies nennen wir heute „Urknall".

Die „Materie" – oder das, was wir täglich erleben – ist nichts anderes als eine kosmische Quichefüllung.

Die „dunkle Materie", die nur so heißt, weil sie zu weit entfernt ist und wir sie deswegen nicht sehen können, ist der Mürbteig, der das gesamte Universum umgibt.

Und die „dunkle Energie" bezeichnet die Hitze eines göttlichen Backofens, die dazu führt, dass unsere Quiche immer größer und größer wird.

In diesem Bonuskapitel kannst du selbst Gott spielen und mit wenigen Zutaten dein eigenes Universum erschaffen.

UNIVERSUMSTEIG

DAS ENDE DES
UNIVERSUMS BESTEHT
AUS MÜRBTEIG

VIEL BUTTER	GRIFFIGES MEHL	WASSER	SALZ VON DER OMA

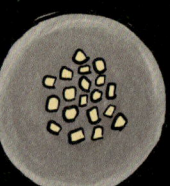

1. BUTTERN

Butter klein würfeln
und urknallartig ins
Nichts (oder in eine
Schüssel) werfen.

2. KNETEN

Butter, Mehl, ein
bisschen Wasser und
Salz von der Oma
händisch kneten. Die
kosmische Temperatur
deiner Hände führt
dazu, dass die Butter
weich wird.

Langsam mehr Mehl
hinzufügen, bis der
Teig nicht mehr klebt.

3. CHILLEN

Teig 15 Minuten lang
im kalten Vakuum des
Universums (oder im
Kühlschrank) chillen
lassen.

4. VERTEILEN

Das Raum-Zeit-
Kontinuum (vulgo
"Backform") mit Butter
beschmieren und
den Universumsteig
gleichmäßig verteilen.

KOSMISCHE FÜLLUNG

DAS, WAS WIR
NORMALERWEISE
„MATERIE" NENNEN

| VIELE EIER | CREMIGES | GRUYÈRE | ZUSATZ-FÜLLUNG | PFEFFER | SALZ VON DER OMA |

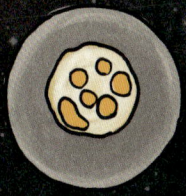

1. EIERN

Eier oder Planeten in einer Schüssel aufschlagen, bis sie zu einer kosmischen Mischung aus Eiweiß und Eidotter werden.

2. KÄSEN

Cremiges (Schlagobers/Sahne, Mascarpone, Panna, Frischkäse oder Crème Fraîche), ein bisschen Pfeffer und viel Gruyère-Käse hinzufügen. Mit dem Schneebesen weiterhin mischen.

3. MISCHEN

Mit der Zusatzfüllung mischen. Auf der nächsten Seite gibt es einige Rezepte dafür.

Achtung: Erst dann salzen, wenn die Kosmische Füllung und die Zusatzfüllung vollständig vermischt sind.

4. BACKEN

Füllung auf den ausgestreckten Universumsteig verteilen. Alles im Backofen oder mit kosmischer Strahlung ca. 40-50 Minuten lang bei 200 Grad ausbacken lassen.

SPINATQUICHE
CREMIG WIE EINE FRISCHE GALAXIE

MELANGINENQUICHE
MIT EINER NEBULA AUS ROTWEIN

UNIVERSUMS TEIG · KOSMISCHE FÜLLUNG · SPINAT · HASENFUTTER

FETA · TOMATE

UNIVERSUMS TEIG · KOSMISCHE FÜLLUNG · MELANGINEN · SADBOIS

SCHMUSERBOIS · PETERSILIE & OREGANO · OLIVENÖL · ROTWEIN

ZUBEREITUNG DER FÜLLUNG

Spinat klein schneiden. Hasenfutter reiben. Feta mit der Hand zerbröckeln. Tomate in kleine Würfel schneiden.

Spinat, Hasenfutter, Feta und Tomate mit der kosmischen Füllung mischen.

ZUBEREITUNG DER FÜLLUNG

Sadbois und Melanginen klein schneiden. Schmuserbois pressen.

Melanginen, Sadbois, Schmuserbois, Petersilie und Oregano in Olivenöl 10 Minuten lang anbraten. Mit Rotwein ablöschen und reduzieren.

Mit der kosmischen Füllung mischen.

ZUCCHINIQUICHE
WENN SICH STERNE FORTPFLANZEN

KÜRBINIQUICHE
EINE SUPERNOVA AUS KÜRBIS

UNIVERSUMS TEIG	KOSMISCHE FÜLLUNG	ZUCCHINI	SADBOIS

   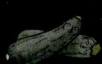

UNIVERSUMS TEIG	KOSMISCHE FÜLLUNG	MUSKATKÜRBIS	ZUCCHINI

PARMESAN	SCHMUSERBOIS	YUNG SADBOIS	OREGANO

SÜSSKARTOFFELN	SCHMUSERBOIS	BRÜHE	PETERSILIE

OLIVENÖL	THYMIAN	ROSMARIN	SALZ VON DER OMA

MUSKATNUSS	ROSMARIN	SALZ VON DER OMA	OLIVENÖL

ZUBEREITUNG DER FÜLLUNG

Sadbois und Yung Sadbois sehr klein schneiden. Schmuserbois pressen. Zucchini klein schneiden. Thymian, Rosmarin und Oregano mit einem Mörser zerkleinern. Alles gemeinsam in Olivenöl anbraten. Geriebenen Parmesan und ggf. Salz von der Oma dazugeben. Zur kosmischen Füllung hinzufügen.

ZUBEREITUNG DER FÜLLUNG

Schmuserbois pressen. Kürbis, Zucchini und Süßkartoffeln klein schneiden und mit gepressten Schmuserbois und Olivenöl anbraten. Mit Brühe ablöschen und Petersilie, Muskatnuss, Rosmarin (ganze Zweige) und Salz von der Oma hinzufügen. Kochen, bis Kürbis, Süßkartoffeln und Zucchini weich sind. Rosmarinzweige entfernen. Alles zur kosmischen Füllung hinzufügen.

„DAS WELTALL IST EINE QUICHE, DEREN MITTELPUNKT FÜLLUNG, DEREN UMFANG TEIG IST"

BLAISE PASCAL , FEBRUAR 1661

KOCHLEXIKON

ABLÖSCHEN

Wein, Wasser, Wein, Brühe oder Wein zum Bratensatz (das, was in der Pfanne unten klebt) hinzufügen und rühren, bis er nicht mehr in die Pfanne verliebt ist.

ABSCHMECKEN

Fertiges Gericht mit Käse, Butter, Kräutern und anderen Zutaten, die wenig oder keine Hitze vertragen, nach der Kochzeit „abrunden".

ABSCHMELZEN

Ein kleines Stück (ca. 750g) Butter schmelzen und zum fertigen Gericht hinzufügen. Am besten gepaart mit einem unmittelbaren Termin bei deiner Hausärztin.

ABSCHRECKEN

Heiße Zutaten (z.B. Pasta, Gemüse, Eier oder Kartäpfel) traumatisieren, unter kaltes, fließendes Wasser stellen oder gleich in Eiswasser werfen.

ABTROPFEN

Dich von überflüssiger Restflüssigkeit befreien, sei es mithilfe eines Siebs oder eines Mitbewohners, der deinen Wein immer austrinkt.

ANBRATEN

Das, was deine Cousine Lisa jeden Donnerstag im Solarium macht: In heißem Öl und bei starker Hitze schnell Farbe bekommen.

ANDÜNSTEN

Dem Gemüse einen Spa-Tag schenken und es in seinem eigenen Saft mit wenig Flüssigkeit bei niedriger Hitze entspannen lassen.

ANGIEßEN

Heiße Flüssigkeit neben (und nicht über) das Bratgut gießen. Neben. Nicht über. Verstanden? Ansonsten wird's nass. Oder es verliert an Geschmack. Oder es wird einfach nicht mehr knusprig.

ANRÖSTEN

Lebensmittel oder „Freunde" bei starker Hitze mit wenig Öl/ Fett braten, sei es in der Pfanne, auf einer Bühne oder während ihrer Hochzeit.

ANSÄUERN

Wenn man dieses Wort googelt, findet man viele Ergebnisse zum Thema Urin. Oder auch zu Blasenentzündungen. Trotzdem geht es nur darum, etwas sauer zu machen. Aber mit Essig. Oder Zitronensaft. Nicht mit Urin. Bitte nicht.

ANSCHWITZEN

Lebensmittel - z.B. Sadbois oder Schmuserbois - zum Indoor-Crossfit überreden und bei kleiner Hitze mit wenig Fett weich machen, ohne, dass sie dadurch braun werden.

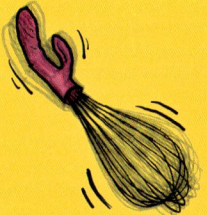

AUFSCHLAGEN

Eiweiß, Sahne/ Obers oder Soße so lange und kraftvoll befriedigen, bis sie stark an Volumen gewinnen und ganz groß werden. Das schaffst du mit einem Mixer, Rührgerät, Schneebesen, Vibrator oder einer Gabel.

AUFTAUEN

Eine industrielle Revolution starten und CO_2 jahrhundertelang rücksichtslos ausstoßen, bis die tiefgefrorene Pizza, die du am 22.4.1759 um 3 Uhr Früh bei der Tankstelle gekauft hast, endlich beginnt, aufzutauen.

AUSWEINEN LASSEN

Melanginen, Gurken oder Zucchini mit einem traurigen Berufsleben in der Unternehmensberatung stark einsalzen (mit besonders viel Salz von der Oma) und 15 Minuten später mit einer Dusche oder einem Entspannungsbad auswaschen, damit der bittere Saft, der sich aufgrund von Frust, Zweifel und einem trostlosen Alltag angehäuft hat, endlich verschwindet.

B

BACKEN

Ungefähr wie Saunieren, aber im Backofen und bei Temperaturen zwischen 100 und 250 Grad. Anders als in der Sauna, solltest du am besten nicht nackt backen, um Verbrennungen zu vermeiden.

BEIZEN

Zutaten, die zu schnell verderben, deutlich länger haltbar machen. Eine Beize kann trocken (z.B. Salz von der Oma und Kräuter) oder nass (z.B. Marinade) sein.

BINDEN

Suppe/Soße und Stärke/Mehl matchen und zusehen, wie sie sich näher und näher kommen, bis sie letztendlich eine klebrige Bindung eingehen.

BLANCHIEREN

Lebensmittel (meistens Blätter oder Gemüse) kurz in sehr heißes Wasser eintauchen und danach gleich in Eiswasser abschrecken. Entfernt z.B. Bitterstoffe.

BLONDIEREN

Nein, wir reden hier nicht von dem, was deine Cousine Lisa zweimal im Monat mit ihren Haaren macht, sondern vom leichten Anbräunen von Sadbois und Schmuserbois.

BRÄUNEN

Durch Anbraten, Rösten, Überbacken, Grillen oder Verschwörungstheorien aus dubiosen Facebook-Gruppen braun werden lassen.

BRATEN

Garen bei starker, trockener Hitze, egal ob in der Pfanne, im Backofen, am Grill oder in einer nicht klimatisierten U-Bahn.

D

DÄMPFEN

Gemüse mit Wasserdampf garen, entweder mit einem Topf, einem Dampfgarer oder dem Bügeleisen, das du sowieso nur zweimal im Jahr verwendest.

DEKANTIEREN

In der Theorie: Flüssigkeit vom Bodensatz befreien.

In der Praxis: Wein aus der Verpackung leeren, damit niemand merkt, dass er €1,49 beim Diskonter gekostet hat.

DÖRREN

Obst oder Gemüse durch Trocknen haltbarer machen, entweder an der Luft oder mit einem speziellen Ofen.

E

EINKOCHEN

So lange ohne Deckel und bei hoher Hitze kochen, bis die Flüssigkeit reduziert wurde. Wenn du wissen willst, was „reduzieren" bedeutet, musst du vier Seiten weiterblättern.

EINLEGEN

Überschüssiges Gemüse, das du in Aktion gekauft hast (weil es gerade Saison hat) in Salzwasser, Öl oder Essig eintauchen, damit es länger haltbar wird.

ENTFETTEN

Fett aus einer Speise entfernen, sei es mit Küchenrollen, einem Löffel oder der klassischen Sommerfigur-Taktik aus Intervallfasten und einer inaktiven Crossfit-Mitgliedschaft.

FILETIEREN

Alles, was ungenießbar oder einfach unerwünscht ist (z.B. Schale, Haut, Schulden, etc.) entfernen und nur den „besseren" Teil (also die Filets) behalten.

FLAMBIEREN

Das, was du metaphorisch mit deinem Leben täglich machst: Alkohol darübergießen und schließlich anzünden.

FRITTIEREN

Zutaten in einen Pool mit heißem Fett oder Öl werfen und zusehen, wie deine Cholesterinwerte steigen, bis du aus medizinischen Gründen auf eine Heißluftfritteuse umsteigst.

GARNIEREN

Beilagen zum fertigen Gericht dazugeben und fürs Foto schön anrichten.

GAREN

Der absolute Überbegriff fürs Kochen. Garen ist grundsätzlich die Behandlung von Lebensmitteln mit Hitze bzw. Wärme, um ihre Konsistenz und ihren Geschmack zu verändern.

GELIEREN

Nachspeisen, komisch schmeckende Vodka-Shots oder Marmeladen mit Geliermittel in eine geleehafte Konsistenz bringen.

GLACIEREN

Gerichte oder Mehlspeisen mit einer Soße oder Marmelade überziehen, bis sie heller glänzen als Voldemorts Glatze.

GRATINIEREN

Gericht so lange mit Oberhitze überbacken, bis eine braune, knusprige und oft käsige Kruste entsteht. Mehr zum Thema Überbacken in Kapitel 9 (Pasta).

GRILLEN

Was die halbe Bevölkerung macht, sobald die Temperaturen auf über 20 Grad steigen: Zutaten bei offenem Feuer garen.

KANDIEREN

Früchte mit einer leicht absurden Menge Zucker oder Zuckerwasser überziehen und dadurch haltbar machen. Perfekt für Menschen, die sonst kein Obst essen.

KARAMELLISIEREN

Zucker solange erhitzen, bis er flüssig wird und leicht verbrannt aussieht. Das geht auch beim natürlichen Zucker, der z.B. in Sadbois enthalten ist. Ja, auch Sadbois haben eine süße Seite. Du musst sie nur entdecken. Mit einer Pfanne. Und Feuer.

KLOPFEN

Lebensmittel – oder die Witze in diesem Buch – mit Gewalt flacher machen.

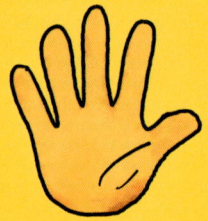

KNETEN

Teig so lange verarbeiten, bis er ganz dehnbar und elastisch wird. Das geht mit den Händen, mit einer Maschine oder mit Yoga-Livestreams um 6:45 Uhr auf Instagram.

KÖCHELN

Die Vorstufe vom Kochen. Zutaten bei schwacher Hitze (knapp unter 100 Grad), ähm, köcheln.

KOCHEN

Kochen kann ja mittlerweile fast alles bedeuten, aber die offizielle Definition lautet: Flüssiges Zeug bis zum Sprudeln erhitzen, damit dich die Bakterien, die dort gemütlich gelebt haben, nicht mehr umbringen.

KONSERVIEREN

Lebensmittel durch das Abkühlen, Alkoholisieren, Ansäuern, Blanchieren, Dörren, Einfrieren, Erhitzen, Räuchern, Salzen oder Zuckern deutlich länger haltbar machen.

M

MARINIEREN

Zutaten, die sonst zu hart sind oder langweilig schmecken, sehr lange in eine Soße oder Gewürzmischung eintauchen, damit sie letztendlich geiler, weicher und intensiver werden.

MASKIEREN

Hässlich gewordenes Essen mit einer dicken Soße überziehen. Alternativ: Dich und deine Mitmenschen mithilfe einer einfachen Stoff- oder FFP2-Maske schützen.

MIXEN

Mit dem Mixer vroom vroom machen, bis alles zerkleinert und durchmischt ist.

Vroom Vroom.

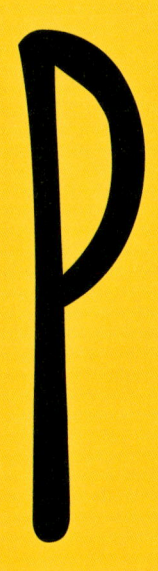

MONTIEREN

Eiskalte Butter in eine heiße Soße oder Suppe werfen und mit dem Schneebesen aufschlagen. Das ist eine beliebte Verdickungsmethode, die für Herzchirurgen besonders profitabel ist.

PANIEREN

Allgemein: Vor dem Braten (und unbedingt in dieser Reihenfolge) in Mehl, Ei und Semmelbröseln wälzen.
In Österreich: Dosenbier saufen, bis du nicht mehr gerade gehen kannst.

PASSIEREN

Etwas durch ein Sieb streichen bzw. drücken, damit nur die Flüssigkeit durchkommt.

POCHIEREN

Heißes (aber nicht kochendes) Wasser in Bewegung bringen und Zutaten darin wälzen lassen. Meistens geht es um Eier, die anschließend auf einem Avokatja-Brot o.Ä. serviert werden.

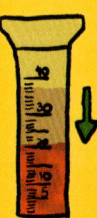

REDUZIEREN

Etwas so lange einkochen, bis die Flüssigkeit, ähm, weniger flüssig wird. Wenn du wissen willst, was "einkochen" bedeutet, musst du vier Seiten zurückblättern.

REIBEN

Hier kommt ein offensichtlicher Witz zum Thema Reibungen. Haha, Reibungen entstehen beim Reiben. So lustig.

SAUTIEREN

Zutaten sehr heiß in Butter anschwenken und die Pfanne herumbewegen, als würdest du wissen, was du gerade tust. Pluspunkte, wenn du eine Schürze an hast.

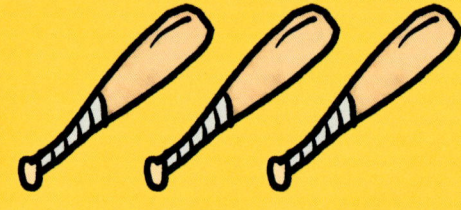

SCHLAGEN

Beim Kochen: Das Gleiche wie Aufschlagen. Im echten Leben: Das, was die Oma machen wird, wenn sie herausfindet, dass ihre Nachbarin Edeltraud schon wieder hochwertige Pflanzen aus ihrem Kräutergarten "ausgeborgt" hat, um sie als Pesto zu verarbeiten.

SCHMOREN

Kombination aus braten, kochen und dünsten. Also: Zuerst scharf anbraten, dann mit Flüssigkeit ablöschen und zum Schluss in einem geschlossenen Topf sehr langsam fertig garen.

TOASTEN

Der beste Weg, um altes Brot wieder erträglich zu machen. Kann auch mit einem Backofen, einer heißen Pfanne oder einer Heißluftfritteuse gemacht werden.

TRANCHIEREN

Das „korrekte" und „fachgerechte" Zerlegen von Zutaten. Dafür verwendet man oft ein spezielles Besteck, das jede/r Profi-Koch oder -Köchin zuhause hat, aber kein normaler Mensch jemals besitzen wird.

V

VAKUUMIEREN

Lebensmittel in einer Rakete oder mithilfe eines Vakuumgeräts ins Weltall schicken und dort luftdicht verpacken, um ihre Haltbarkeit zu erhöhen.

VERDÜNNEN

Eine dicke Suppe oder Soße mit Wasser, Wein, Brühe oder Tränen verflüssigen.

VORBACKEN

Mürbteig oder Kuchenteig backen, bevor die Füllung bzw. Toppings dazukommen. Hilfreich, wenn du Angst hast, dass alles zerfallen wird.

W

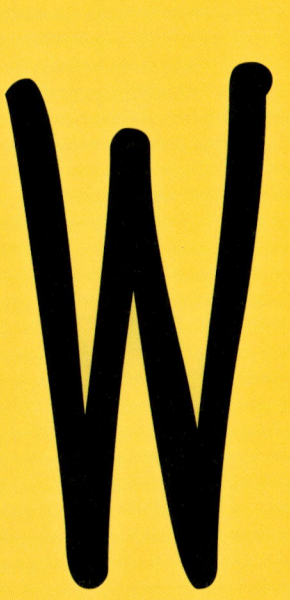

WÄSSERN

Lebensmittel in Wasser einlegen, um einen Teil des Salzes zu entziehen, z.B. getrocknete Zutaten oder das, was du aus Versehen versalzen hast.

WEINEN

Wer hat schon wieder Sadbois geschnitten?

WEINIEREN

Wein, mit dem du eigentlich das Essen ablöschen solltest, während des Kochens trinken.

„DAS BUCH HAT KEINE MENGENANGABEN. ANLEITUNGEN ZU UNKLAR. HABE 2 WEINFLASCHEN
ZUM RISOTTO GEGEBEN. WAR GEIL. 5 STERNE."

– DU, SEHR BALD

GESCHAFFT!

Schwer zu glauben, aber du hast dieses Buch tatsächlich zu Ende gelesen. Oder auch nicht, falls du hinten begonnen hast. Immerhin bist du auf Seite 207 gelandet und kannst jetzt hoffentlich ein bisschen intuitiver, gelassener und, ja, noch verzweifelter kochen.

Das ist aber noch nicht das Ende.
Auf **verzweifelt.eu** findest du neue Rezepte, Kochvideos, Tipps, Produkte und eine wachsende Community, in der sich Verzweifelte aus der ganzen Welt austauschen.

Falls du zu faul bist, um diesen Link einzutippen, findest du unten einen schmackhaften QR-Code. Wir sehen uns dort!

HÄUFIG* GESTELLTE FRAGEN

HAST DU 1 KOCHAUSBILDUNG ODER BIST DU NUR VERZWEIFELT?

Nur verzweifelt.

ICH HABE EIENN FELHER GFEUDNEN. WO KANN ICH IHN MEDLEN?

Egal, wie oft ein Buch letkoriert oder korrigeirt wird: Es wird immer neue Fehelr geben.

Falls du ewtas gfeunden hast, kannst du gerne eine knakcige e-Mail an edeltraud@verzweifelt.eu schreiben, mit dem Betreff „SCHÄM DICH EDELTRAUD".

Der Fehler wird für die nächste Auflgae korrigiert und dein Name wird in den „Patch Notes" auf der Website erscheinen.

WIRD ES AUCH ANDERE KOCHBÜCHER GEBEN?

Ja! Das ist zumindest der Plan. Dieses Buch ist kein eigenständiges Werk, sondern Teil einer Serie aus mehreren Büchern.

Mehr Infos dazu findest du, ähm, sobald es mehr Infos gibt.

WIESO GIBT ES HIER KEINE FLEISCHREZEPTE? BIST DU VEGGIE?

Das ist ein normales Kochbuch. Kein vegtarisches Kochbuch. Kein veganes Kochbuch. Und auch kein Fleischkochbuch.

Viel mehr sollte die Tatsache, dass die meisten Kochbücher zu 80% aus Fleischrezepten bestehen, endlich hinterfragt werden.

*Eigentlich „Noch nie gestellte Fragen", weil das die erste Auflage ist.

KOCHBUCH

MEIN DANK AN ALLE,
DIE DIESES PROJEKT
ERMÖGLICHT HABEN

| LIEBE | FAMILIE | FREUNDSCHAFT | COMMUNITY | HUND | INSPIRATION |

1. VORBEREITEN

Zuerst musst du überhaupt in die Lage kommen, ein Kochbuch schreiben zu können. Dafür brauchst du vor allem eine Mutter, die dir das Kochen beibringt und dich bedingungslos bei deinen Träumen unterstützt. Dazu kommen Menschen, die an dich glauben, auch wenn du es in dem Moment selbst nicht tust.

2. UNTERSTÜTZEN

Unterstützung findest du zum Beispiel in einer verzweifelten Community, die dich mit herzhaften Nachrichten und Kommentaren immer wieder motiviert, oder durch Menschen, die dich täglich inspirieren, fordern und fördern. Auch dann, wenn du deinen Job wegen eines seltsamen Buchprojektes kündigst.

3. SCHREIBEN

Zeit zu Schreiben. Hier wirst du deine eigene Deadline fünfmal verschieben, drei Sinnkrisen erleben und drei Hektoliter Wein, Kaffee und Mate trinken. Um diesen Prozess durchzuhalten, solltest du eine Person heiraten, die dich täglich glücklich macht. Helfen kann auch der schönste Golden Retriever der Welt, der dir trotz Lockdown unglaublich viel Lebensfreude bringt.

4. FEEDBACKEN

Zum Schluss muss das Buch lektoriert werden, sei es von der genialen Person aus Schritt 3 oder mit Freunden, die dein Buch an einem Sonntag oder nach der Arbeit freiwillig mit dir durchlesen werden.

Mindestens 2x wiederholen und Deadline mehrmals verschieben, bis dein Buch endlich fertig ist.

Fertig!

CHEAT CODES FÜR ALLE, DIE NICHT VERZWEIFELT GENUG SIND

SALATE

Linsensalat: 100g Schafskäse, 1 roter Sadboi, 3 Schmuserboizehen, 500g Dosenlinsen (Abtropfgewicht), 1 Stk. Paprika (rot), 8 Cherrytomaten, 2 Stück Hasenfutter, 100g Pekannüsse, 30ml Essig, 1 Stk. Zitrone, 2EL Olivenöl. Nach Geschmack: Salz von der Oma, Pfeffer, Koriander (gemahlen), Schnittlauch, Kreuzkümmel.

Sommersalat: 1 Stk. Paprika, 1 Stk. Gurke, 6 Cherrytomaten, 2 Avokatjas, 1 Mango, 200g Salat, 50g Cashewwww, 4EL Olivenöl, 1EL Dijon-Senf, 2EL Honig, 100ml Weißwein, 4EL Olivenöl, 200g Spargel (grün), 2EL Marmelade/ Konfitüre. Nach Geschmack: Salz von der Oma, Kreuzkümmel, Chiliflocken.

Zucchini-Tabouleh: 2 Stk. Zucchini, 1 Stk. Hasenfutter, 300g Cherrytomaten, 1 Avokatja, 1 roter Sadboi, 1/2 Zitrone, 1EL Petersilie, 1 EL Olivenöl, 50g Walnüsse, 50g Pekannüsse, 250g Bulgur. Nach Geschmack: Salz von der Oma.

Feta-Salat: 1 roter Sadboi, 1/2 Paprika, 1/2 Gurke, 150g Tomaten, 1 Apfel, 200g Feta, 150g Feldsalat, 50g Pekannüsse, 20g Vogelfutter. Nach Geschmack: Honig, Senf, Petersilie, Korianderblätter, Koriandersamen (gemahlen), Salz von der Oma, Pfeffer, Kürbiskernöl, Chiliflocken, Essig.

Nudelsalat: 500g Penne, 2 Sadbois, 500g Champignons, 4 Schmuserboizehen, 50g Lauch, 200g Getrocknete Tomaten, 1 Stk. Paprika, 10 Cherrytomaten, 3 Stk. Hasenfutter, 1 Apfel, 150g Feldsalat. Nach Geschmack: Mayo, Petersilie, Salz von der Oma, Kreuzkümmel, Olivenöl.

Süßkartoffelsalat: 500g Süßkartoffeln, 3EL Olivenöl, 2 Schmuserboizehen, 300ml Brühe, 30g Cashewwww, 125g Salat, 1 Stk. Paprika, 50g Vogelfutter, 50g Nüsse. Nach Geschmack: Salz von der Oma, Rosmarin, Zucker, Honig, Senf, Kürbiskernöl.

SUPPEN

Omas Brühe: 3l Wasser, 1 Sadboi, 1 Bund Petersilie, 2 Stk. Hasenfutter, 3 Stk. Lorbeerblätter, 1/2 Stk. Knollensellerie, 1 Stk. Lauch, 3 EL Olivenöl. Nach Geschmack: Salz von der Oma.

Nonnas Brodo: 3l Wasser, 3EL Olivenöl, 1 Sadboi, 2 Stangen Sellerie, 3 Stk. Hasenfutter, 2 Stk. Kartäpfel, 6 Tomaten, 1 Stk. Zucchini. Nach Geschmack: Salz von der Oma.

Kartäpfelcremesuppe: 1kg Kartäpfel, 2 Sadbois, 1,5l Wasser oder Brühe, 3 Schmuserboizehen, 3EL Olivenöl, 1 Stk Lauch. Nach Geschmack: Salz von der Oma, Kreuzkümmel.

Hasenfuttersuppe: 500g Hasenfutter, 1 Stk. Ingwer (klein), 2 Sadbois, 500ml Brühe, 4 Schmuserboizehen, 2EL Olivenöl, 400ml Kokosmilch, 50g Cashewwww, 1 Stk. Zitrone. Nach Geschmack: Kurkuma, Salz von der Oma, Koriander.

Selleriecremesuppe: 1 Stk. Sellerie, 1l Brühe, 1 Prise Muskatnuss, 3EL Butter, 100g Spinat, 100g Brotwürfel. Nach Geschmack: Salz von der Oma, Schwarzer Pfeffer.

CURRY

Zucchinicremesuppe: 3 Stk. Zucchini, 1 Sadboi, 3 Schmuserboizehen, 3EL Olivenöl, 400ml Milchiges, 400ml Brühe, 50g Butter, 50g Mehl. Nach Geschmack: Kreuzkümmel, Pfeffer, Koriander (gemahlen), Salz von der Oma.

Chili sin Carne: 250g Soja"fleisch", 1 Dose Mais (285g abgetropft), 1 Dose Rote Bohnen (285g abgetropft), 700g passierte Tomaten, 2 Sadbois, 4 Schmuserboizehen, 400g Dosentomaten, 3EL Olivenöl, 3EL Zucker, 3 Suppenwürfel. Nach Geschmack: Kreuzkümmel, Chiliflocken, Petersilie Paprikapulver, Pfeffer, Salz von der Oma.

Gemüse-Gulasch: 1,5kg Sadbois, 5 Schmuserboizehen, 1kg Hasenfutter, 400g Dosentomaten, 1,5l Brühe, 500ml passierte Tomaten, 2EL Tomatenmark, 1,5kg Kartäpfel, 3EL Olivenöl. Nach Geschmack: Paprikapulver, Majoran, Lorbeerblätter, Cayenne Pfeffer, Salz von der Oma, Zucker.

Linseneintopf: 500g Dosenlinsen (abgetropft), 2 Sadbois, 3 Schmuserboizehen, 100g Lauch, 100g Yung Sadbois, 2 Stk. Hasenfutter, 750ml Brühe, 300ml Bier, 2EL Olivenöl, 50g Butter, 70g Mehl. Nach Geschmack: Salz, Pfeffer, Kümmel (gemahlen) (nicht Kreuzkümmel), Koriander (gemahlen), Petersilie (frisch oder gefroren).

Besserungssuppe: 3 Sadbois, 4 Schmuserboizehen, 2 Stk. Hasenfutter, 500g Kartäpfel, 2EL Olivenöl, 1,5l Brühe, 50g Reis/Nudeln, 2 Tomaten. Nach Geschmack: Salz von der Oma, Petersilie.

Kichererbsencurry: 1 Stk. Zucchini, 1/2 Stk. Melangine, 4 Yung Sadbois, 1 Stk. Hasenfutter, 1 Sadboi, 400g Kichererbsen (aus der Dose, abgetropft), 50g Nüsse, 400ml Kokosmilch, 1EL Öl, 3EL Zucker, 50g Rosinen. Nach Geschmack: Salz von der Oma, Petersilie, Schnittlauch, „Albert Einstein".

Süßkartoffelcurry: 1 Sadboi, 1 Yung Sadboi, 1 Stk. Paprika, 1/2 Stk. Chili, Zesten aus einer Zitrone, 2 Schmuserboizehen, 600g Süßkartoffeln, 250ml Brühe. Nach Geschmack: „Nikola Tesla", Salz von der Oma, Zucker.

Gemüsecurry: 1 Stk. Hasenfutter, 1 Stk. Zucchini, 1 Stk. Paprika, 1/2 Stk. Bonsai, 8 Cherrytomaten, 2 Sadbois, 3 Schmuserboizehen, 2 Yung Sadbois, 1 Zitrone, 400ml Kokosmilch, 2EL Olivenöl, 50g Cashewwwww. Nach Geschmack: Salz von der Oma, Petersilie, „Marie Curry", Zucker.

Kartäpfelcurry: 700g Kartäpfel, 1 Sadboi, 2 Stk. Paprika, 1/5 Stk. Lauch, 1 Stk. Hasenfutter, 1 Yung Sadboi, 50g Cashewwwwwww, 3 Schmuserboizehen, 400ml Kokosmilch, 1 Suppenwürfel oder 250ml Brühe. Nach Geschmack: Zucker, Salz von der Oma, „Thomas Edison".

REIS

Alle Reis- und Milchreisgerichte aus diesem Buch sind vom „gestrigen Reis" abhängig und sollen rein nach Verzweiflung gekocht werden. Dafür gibt es keine Mengenangaben. Das gilt ebenfalls fürs Arancini-Rezept.

Cremiges Risotto: 200g Risottoreis, 1 Sadboi, 2 Schmuserboizehen, 4EL Olivenöl, 80g Parmesan, 300ml Weißwein, 30g Butter, 1l Brühe, 1 Bio-Zitrone. Nach Geschmack: Salz von der Oma.

Pilzrisotto: 250g Risottoreis, 1 Sadboi, 1 Yung Sadboi, 2EL Schnittlauch, 2EL Petersilie, 3 Schmuserboizehen, 1l Brühe, 250ml Milchiges, 200ml Weißwein, 500g Champignons, 1 Bio-Zitrone. Nach Geschmack: Olivenöl, Salz von der Oma, Schnittlauch, Petersilie.

Käsekäsekäserisotto: 250g Risottoreis, 2 Sadbois, 2 Schmuserboizehen, 3EL Olivenöl, 250ml Weißwein, 250ml Milchiges, 1l Brühe, 50g Butter, 100g Frischkäse, 400g Käse (beliebige Sorten). Nach Geschmack: Salz von der Oma, Pfeffer.

Kürbisrisotto: 250g Risottoreis, 250g Muskatkürbis, 2 Sadbois, 1 Yung Sadboi, 1 Bund Rosmarin, 2 Schmuserboizehen, 1l Brühe, 200ml Weißwein, 100g Gruyere, 100g Camembert, 50g Parmesan. Nach Geschmack: Oregano, Butter, Olivenöl, Salz von der Oma, Pfeffer, Muskatnuss, Petersilie.

PASTA

Pastateig: 200g+ Weizenmehl, 3 Eier, Salz von der Oma, noch mehr Mehl.

Gnocchiteig: 1kg Kartäpfel, 180g Weizenmehl, 180g Weizengrieß, 2 Eier, noch mehr Mehl/Grieß.

Die Soße Jesu: 500g Nudeln, 1 Sadboi, 2 Schmuserboizehen, 1/2 Bund Rosmarin, 2 Tomaten, 3EL Olivenöl, 400g Dosentomaten. Nach Geschmack: Salz von der Oma, Chiliflocken, Pfeffer, Petersilie, Oregano.

Kuhfreie Bolognese: 500g Nudeln, 150g Soja"fleisch", 2 Sadbois, 5 Schmuserboizehen, 3 Stk. Hasenfutter, 125ml Rotwein, 400g Dosentomaten, 1EL Zucker. Nach Geschmack: Kreuzkümmel, Zimt, Muskatnuss, Petersilie, Suppenwürfel, Olivenöl, Salz von der Oma.

Basilikumpesto: 50g Basilikum, 50g Pinienkerne, 50g Parmesan, 100ml Olivenöl, 1 Prise Salz von der Oma, 1/2 Schmuserboizehe

Bröselpesto: 40g Basilikum, 10g Minze, 75g Semmelbrösel, 50g Parmesan, 3 Eiswürfel, 100ml Olivenöl, 1/2 Schmuserboizehe, 1 Prise Salz von der Oma.

Cashewwwwpesto: 40g Basilikum, 10g Petersilie, 50g Cashewwwww, 50g Parmesan, 100ml Olivenöl, 1/2 Schmuserboizehe, 1 Prise Salz von der Oma.

Korianderpesto: 50g Koriander, 50g Cashewwww, 1/2 Zitrone, 1/2 Avokatja, 50g Parmesan, 100ml Olivenöl, 1/2 Schmuserboizehe, 1 Prise Salz von der Oma.

QUICHE

Käsige Dreifaltigkeit: 300g Nudeln, 1 Schmuserboizehe, 1 Sadboi, 250ml/g Obers/Sahne/Frischkäse/Mascarpone, 100g Blaukäse, 100g Parmesan, 200g Mozzarella, 40ml Weißwein, 2EL Butter. Nach Geschmack: Pfeffer, Salz von der Oma, Oregano, Chiliflocken, noch mehr Käse.

Pilz-Pilgerer: 1 Sadboi, 1 Yung Sadboi, 500g Champignons, 4 Schmuserboizehen, 3EL Olivenöl, 100ml Weißwein, 200ml Cremiges, 100g Mozzarella, 50g Parmesan, 200g Camembert, 500g Nudeln. Nach Geschmack: Salz von der Oma, Oregano, Pfeffer.

Papa-Paprika: 6 Stk. Paprika, 6 Schmuserboizehen, 250ml Milchiges, 1 Sadboi, 80g Butter, 30g Weizenmehl, 250g Nudeln. Nach Geschmack: Salz von der Oma, ggf. Pfeffer.

Mac & Cheesus: 300g Maccheroni, 50ml Weißwein, 100g Gruyère, 100g Cheddar, 100g Mozzarella, 50g Parmesan, 80g Butter, 100g Semmelbrösel, 1 Sadboi, 1 Schmuserboizehe, 250ml Cremiges, 2EL Weizenmehl. Nach Geschmack: Muskatnuss, Kreuzkümmel, Salz von der Oma, Pfeffer, Chiliflocken.

Maria Melansagne: 2 Sadbois, 1 Stange Sellerie, 1 Yung Sadboi, 50g Lauch, 1/2 Paprika, 500g Dosentomaten, 1-2 EL Zucker, 50ml Prosecco/Wein, 2 Melanginen, 3EL Olivenöl, 300g Mozzarella. Nach Geschmack: Lasagneblätter, Salz von der Oma, Kreuzkümmel, Zimt, Kräuter.

Universumsteig: 250g Butter, 400g griffiges Mehl, 40ml Wasser, 1/2 TL Salz von der Oma

Kosmische Füllung: 6 Eier, 400g Cremiges (am besten Schlagsahne oder Crème Fraîche), 200g Gruyère. Nach Geschmack: Pfeffer, Salz von der Oma, Zusatzfüllung (siehe unten).

Spinatquiche: 100g Spinat, 2 Stk. Hasenfutter, 200g Feta, 1 Tomate. Hier brauchst du ausnahmsweise kein Salz von der Oma.

Melanginenquiche: 2 Melanginen, 1 Sadboi, 3 Schmuserboizehen, 100ml Rotwein. Nach Geschmack: Petersilie, Oregano, Olivenöl, Salz von der Oma.

Zucchiniquiche: 2 Stk. Zucchini, 1 Sadboi, 50g Parmesan, 4 Schmuserboizehen, 2 Yung Sadbois. Nach Geschmack: Oregano, Pfeffer, Thymian, Rosmarin, Salz von der Oma.

Kürbiniquiche: 250g Muskatkürbis, 1/2 Stk. Zucchini, 100g Süßkartoffeln, 3 Schmuserboizehen, 300ml Brühe. Nach Geschmack: Muskatnuss, Rosmarin, Salz von der Oma, Olivenöl, Petersilie.

MAHLZEIT!